VENHAM CEAR COMIGO

Catequese de Iniciação Eucarística II

Catequista

Coleção Deus Conosco

VENHAM CEAR COMIGO

Catequese de Iniciação Eucarística II

Catequista

Lydia das Dores Defilippo
Lucimara Trevizan
Fausta Maria Miranda
Pe. Almerindo Silveira Barbosa

EDITORA VOZES

Petrópolis

© 1991, 2005, 2022, Editora Vozes Ltda.
Rua Frei Luís, 100
25689-900 Petrópolis, RJ
www.vozes.com.br
Brasil

21ª edição, 2022.

1ª reimpressão, 2024.

Todos os direitos reservados. Nenhuma parte desta obra poderá ser reproduzida ou transmitida por qualquer forma e/ou quaisquer meios (eletrônico ou mecânico, incluindo fotocópia e gravação) ou arquivada em qualquer sistema ou banco de dados sem permissão escrita da editora.

CONSELHO EDITORIAL

Diretor
Volney J. Berkenbrock

Editores
Aline dos Santos Carneiro
Edrian Josué Pasini
Marilac Loraine Oleniki
Welder Lancieri Marchini

Conselheiros
Elói Dionísio Piva
Francisco Morás
Gilberto Gonçalves Garcia
Ludovico Garmus
Teobaldo Heidemann

Secretário executivo
Leonardo A.R.T. dos Santos

PRODUÇÃO EDITORIAL

Aline L.R. de Barros
Marcelo Telles
Mirela de Oliveira
Otaviano M. Cunha
Rafael de Oliveira
Samuel Rezende
Vanessa Luz
Verônica M. Guedes

Conselho de projetos editoriais
Isabelle Theodora R.S. Martins
Luísa Ramos M. Lorenzi
Natália França
Priscilla A.F. Alves

Projeto gráfico e diagramação: Ana Maria Oleniki
Revisão gráfica: Alessandra Karl
Capa: Ana Maria Oleniki

ISBN 978-65-5713-543-3

Este livro foi composto e impresso pela Editora Vozes Ltda.

SUMÁRIO

APRESENTAÇÃO, 7

PARA VOCÊ CATEQUISTA, 9

ORIENTAÇÕES METODOLÓGICAS, 11

O GRANDE AMOR DE JESUS POR NÓS

1. Amigos e irmãos, 18
2. O caminho da comunhão: ser peregrino no amor, 23
3. A ceia pascal de Jesus, 29
4. Jesus dá a vida por seus amigos, 37
5. Jesus ressuscitado caminha conosco!, 44
6. Celebração da Páscoa: Ressurreição: alegria que transforma nossa vida!, 50

CAMINHAMOS NA ESTRADA DE JESUS

7. Somos Igreja comunidade de amigos de Jesus, 56
8. Ser Igreja: semear a esperança, 60
9. Sacramentos: a vida é cheia de graça!, 65
10. Batismo: entrada na Comunidade de Jesus, 71
11. Ser batizado: testemunhar a alegria, 76
12. Dar a vida pela fé, 81
13. Como cristão, em que acredito?, 86
14. Celebração: renovação das promessas do Batismo, 91

ESCOLHER O CAMINHO DO AMOR E DO PERDÃO

15. O jovem que recusou seguir Jesus, 98

16. O bem e o mal estão aí: podem escolher!, 103

17. O encontro de Jesus com os pecadores, 109

18. O amor de Deus é sem medida, 113

19. Um coração cheio de amor, 119

20. Celebração da Reconciliação, 127

JESUS: O PÃO DA VIDA

21. Façam isto para celebrar a minha memória, 134

22. Tornar-se pão, 139

23. Preparem a Ceia do amor e do serviço!, 145

24. Jesus é o Pão da vida, 151

25. A celebração da Eucaristia, 155

26. O espaço litúrgico, 162

27. Vivência eucarística, 168

ANEXOS

ANEXO 1 – Natal: boa notícia de Deus para a humanidade!, 174

ANEXO 2 – Eis-me aqui!, 177

ANEXO 3 – Celebração em família em preparação à Eucaristia, 180

REFERÊNCIAS, 183

APRESENTAÇÃO da Coleção Deus Conosco

A Coleção Deus Conosco oferece uma catequese a serviço da Iniciação à Vida Cristã e, portanto, atenta às grandes características da inspiração catecumenal, como nos pede a Igreja hoje. O seu foco principal é o anúncio de Jesus Cristo em um processo de amadurecimento da fé e crescimento na vida cristã.

Outra marca presente na coleção é a preocupação com uma catequese que esteja atenta à realidade do catequizando na cultura atual. Além disso, o catequizando é o grande protagonista, ou seja, o sujeito do próprio caminho. Aprende dialogando, brincando, refletindo, descobrindo o gosto bom de viver em comunidade e ser amigo de Jesus.

Destaco também que a Palavra de Deus é a grande fonte e alimento de todo o itinerário da Coleção. Os autores se preocuparam em adequar o uso dos textos bíblicos de acordo com a idade do catequizando, sem deixar de despertar para a beleza da Palavra de Deus.

Cada encontro catequético quer resgatar uma das mensagens mais preciosas do cristianismo: Deus tem fé em nós. Ele está conosco. Por isso, posso dizer que o grande objetivo dos encontros catequéticos é provocar a confiança (fé) em Deus, que não desiste de nós, apesar de nossos fracassos e fragilidades. Ele não desiste, pois até o próprio Filho nos enviou para revelar o seu amor por nós. Contagiando o catequizando com essa Boa Notícia, a Coleção quer provocar o desejo, em cada um, de ser testemunha da bondade, fraternidade, compaixão, mansidão e misericórdia de Deus.

Inês Broshuis

Catequeta. Foi assessora Nacional de Catequese e membro
da Comissão Bíblico-catequética do Regional Leste II – CNBB.
Autora de vários livros de catequese.

Para você
CATEQUISTA

Querido catequista,

A catequese de Iniciação Eucarística possui um itinerário organizado em dois livros: *Meu nome é Jesus* e *Venham Cear comigo*. Com este itinerário o que mais desejamos é que o catequizando conheça e ame Jesus Cristo e deseje trilhar o caminho do amor e da solidariedade, marcas do cristão no mundo.

Iniciamos no livro – *Meu nome é Jesus* – o anúncio de Jesus Cristo, rosto amoroso de Deus. Nele propomos um itinerário de fé, um jeito de apresentar Jesus em um conteúdo e linguagem próprios para crianças na faixa etária de 9 anos. O que queremos é provocar o encontro com a pessoa de Jesus Cristo. É Ele quem nos salva e não ideias e teorias acerca dele. Por isso, é uma catequese que provoca a experiência pessoal, gradativa e processual com a pessoa de Jesus Cristo, característica mais importante de uma catequese de inspiração catecumenal, a serviço da Iniciação à Vida Cristã.

No itinerário deste livro – *Meu nome é Jesus* – narramos o começo de um novo tempo que é o nascimento de Jesus, presente de Deus para nós. Em seguida, apresentamos a proposta de Jesus, a sua paixão e missão que é o anúncio do Reino de Deus, dedicando tempo para conhecer o que é e o que significa esse Reino. Por fim, convidamos a refletir sobre o que significa assumir a proposta de Jesus e ser seu amigo: amar, partilhar, ter compaixão, cuidar do planeta. Mas, acima de tudo, aprender a confiar, a ter fé em Jesus e a amar e cuidar da vida, como Ele fez. Aos poucos, também vamos apresentando a comunidade, onde os cristãos se reúnem e dão testemunho de Jesus.

No itinerário do livro *Venham cear comigo*, continuaremos a aprofundar outros aspectos do querigma, ou seja, do anúncio de Jesus Cristo: sua paixão, morte e ressurreição. Também descobriremos o que significa ser Igreja, comunidade dos amigos de Jesus e o sentido dos sacramentos, sinais da graça de Deus. Vamos conhecer o caminho do amor e do perdão e o que significa seguir Jesus, o pão da vida, ao aceitar participar de sua ceia, a Eucaristia.

Você catequista é fundamental nesse processo. Você e seu amor por Jesus e o desejo de querer contagiar os catequizandos com esse amor. Deixe-se conduzir por Aquele que, a partir do mais profundo de nós mesmos, abre um horizonte de sentido e de surpresas: Deus mesmo. Deixe que Ele, a partir dos itinerários que propomos, vá tecendo a fé em seu Filho Jesus, transformando o coração do catequizando em manjedoura. E a vida irá ganhando novo sentido e sabor.

Com carinho,

Os autores.

ORIENTAÇÕES METODOLÓGICAS

1. Características da Coleção Deus Conosco que são de inspiração catecumenal:

▷ Propõe uma catequese querigmática e mistagógica, proporcionando o encontro com Jesus Cristo, em um processo de iniciação à vida cristã.

▷ A Palavra de Deus ocupa lugar central e é a grande fonte dos encontros catequéticos.

▷ Leva em conta o desenvolvimento da experiência de fé do catequizando em cada faixa etária.

▷ Proporciona um processo interativo em que o catequizando faz o caminho, nos passos de Jesus. O catequizando é, então, sujeito do processo iniciático.

▷ Inicia o catequizando na vivência celebrativa da fé. Gradativamente o catequizando vai descobrindo o amor de Deus em sua vida, aprendendo a se relacionar intimamente com Ele e a celebrar a sua fé em comunidade.

▷ A criatividade, o clima de alegria, de participação, oração e celebração marcam os encontros catequéticos que são propostos.

▷ Leva a descoberta da vida em comunidade e o engajamento em ações concretas.

▷ Proporciona a experiência de fé, de confiança no Deus que está conosco nos caminhos da vida.

▷ Propõe o envolvimento das famílias durante todo o caminho catequético.

▷ Leva a um compromisso com a transformação da realidade.

2. O ENCONTRO DE CATEQUESE

A catequese é o lugar de encontro do catequizando com ele mesmo, com Deus, com a comunidade cristã e com o próprio grupo de amigos. A coleção propõe o desenvolvimento do encontro com os seguintes elementos:

Objetivos do encontro	**Material necessário**	**Preparação do ambiente**
O que se deseja proporcionar com o conteúdo do encontro.	Indicação de materiais, dinâmicas, músicas, vídeos, filmes.	Orientação sobre como organizar o espaço do encontro.

PASSOS DO ENCONTRO

➡ OLHAR A NOSSA VIDA

Propõe uma reflexão que desencadeia o levantamento das experiências do grupo a respeito do assunto a ser conversado. É o momento do VER e acolher a vida do catequizando. O catequista provoca a conversa, tira do grupo o que pensa, vive ou viveu e o que sabe a respeito do tema proposto para o encontro. Isso pode ser feito de diversas maneiras, através de dinâmicas, trabalho em grupo e outros. Se não levarmos em conta a experiência do catequizando, a mensagem cristã não os atinge, nem é assimilada.

➡ ILUMINAR A NOSSA VIDA

Busca-se discernir e compreender a realidade à luz da Palavra de Deus. É o momento de realizar o confronto entre a experiência constatada e vivida com a Mensagem cristã. É o momento do aprofundamento do conteúdo da mensagem cristã, do tema do encontro.

➡ NOSSO COMPROMISSO

O grupo de catequizandos, com a ajuda do catequista, verifica o que precisa mudar no jeito de ser, de pensar, de agir, a partir do que foi refletido no encontro catequético, à luz da Palavra de Deus. Será possível assumir compromissos de mudança de acordo com a faixa etária. É o passo concreto para colaborar na mudança da realidade. A catequese é, sobretudo, uma vivência. A mensagem cristã que ela anuncia é para ser vivida.

➡ CELEBRAR O NOSSO ENCONTRO

É o tempo do diálogo com Deus, de celebrar a vida e a fé: o que o grupo e cada um dos catequizandos têm a dizer a Deus a partir do que está vivendo e do que descobriu e refletiu no encontro. O grupo será mobilizado a ter atitudes de agradecimento, perdão, louvor, silêncio. São sugeridos o uso de símbolos, gestos e bênçãos.

➡ NO LIVRO DO CATEQUIZANDO

O livro do catequizando propõe atividades que ajudam a aprofundar o conteúdo do encontro. O catequista verifica o que poderá ser feito durante o encontro e/ou em casa. Mas, precisará acompanhar o que for sendo realizado pelo catequizando.

➡ NA NOSSA FAMÍLIA

Motiva o envolvimento da família nas descobertas e reflexões propostas no encontro catequético.

➡ OS ANEXOS

Os anexos abordam temáticas complementares ao conteúdo proposto pelo itinerário de cada livro. Optou-se por apresentá-las como anexos, para que cada catequista as inclua no tempo adequado, adaptando-as de acordo com a realidade local.

➡ AS CELEBRAÇÕES

Além de o encontro catequético conduzir ao momento orante e celebrativo, o itinerário proposto em cada livro da coleção levará o catequizando a celebrar cada passo dado no caminho. Cada celebração também se encontra no livro do catequizando para facilitar a preparação e seu envolvimento.

Algumas "Dicas" Importantes

- A coleção Deus Conosco é um instrumento para o processo catequético de iniciação à vida cristã. Cabe a cada catequista adaptar as propostas dos encontros à sua realidade.

- É preciso sempre insistir em um jeito (método) participativo, provocando o envolvimento dos catequizandos e o gosto pelo diálogo, e saber conduzi-lo é fundamental em um encontro. O segredo do encontro é o diálogo. É saber lidar com os sonhos, as dores, as alegrias, os vazios, as esperanças e as decepções de cada um. Em um verdadeiro encontro não há perdedores e nem vencedores, mas a delicada arte da participação, do envolvimento. O catequista é a pessoa que provoca a "revelação" de cada um.

- O ritmo de caminhada do grupo de catequizandos precisa ser respeitado. Portanto, se ocorrer de terminar o tempo de encontro, por exemplo, no momento de "iluminar o nosso encontro", aprofundam-se os passos seguintes na próxima semana. Não pode haver pressa em passar para o próximo momento do encontro ou conteúdo do livro.

- Como apresentar o conteúdo, também é conteúdo. Tudo é importante: a acolhida, a maneira com que provocamos a participação, acolhemos as opiniões diferentes, corrigimos os desvios, rezamos etc.

- O catequista é testemunho de amor na vida de cada um dos catequizandos. Por isso, evita brincadeiras e músicas que "infantilizam", ridicularizam ou provocam competição. Trata a cada um com igualdade, não se considera superior a ninguém. Acolhe a todos com muito carinho e amor.

- O encontro catequético precisa ser preparado pelo catequista com antecedência. Desafiados pela cultura atual, os encontros propostos nos livros da coleção apresentam, pelo menos, três cuidados:

  - A música está presente em todos os encontros.

  - O encontro proposto conduzirá a "produção" de reflexão, de debates, de painéis etc. Considera-se o catequizando como alguém capaz de gerar novo jeito de ser e viver.

  - O uso de vídeos, gravuras, filmes e pinturas é sugerido, pois a cultura atual é a da imagem.

Recursos utilizados nos encontros

Os encontros propõem o uso de recursos atuais que ajudam no processo de iniciação, como filmes, músicas religiosas, música popular brasileira, poemas, fotos, gravuras, pinturas, cartazes, encenações e outros. O catequista, na medida do possível, providencia o que for pedido e faz as adaptações necessárias à realidade. Isto será importante para a dinamização dos passos do encontro. Tudo isso misturado com muito amor, amizade, paciência e sabedoria.

Sobre a linguagem

Optamos por uma linguagem mais existencial, direta e objetiva, que traga sentido para a vida. A escrita de cada encontro já é a narrativa do diálogo do catequista com o grupo de catequizandos. Necessitando, evidentemente, das adaptações à realidade de cada comunidade e catequizandos.

O maior desejo é que esse itinerário proposto pela Coleção Deus Conosco provoque a vivência do Amor e, assim, promova o encontro com aquele que é a verdadeira Alegria da nossa vida, Deus mesmo. Diz a Primeira Carta de São João: "Caríssimos, amemo-nos uns aos outros, porque o amor vem de Deus e todo aquele que ama nasceu de Deus e conhece Deus. Quem não ama não chegou a conhecer Deus, pois Deus é amor" (1Jo 4,7-8).

O caminho é Jesus Cristo. Foi Jesus quem nos revelou o amor de Deus. Crer em Jesus, o enviado do Pai, e viver o amor entre nós, já é experimentar vida plena e feliz. A verdadeira vida brota do amor e é "eterna". Amar é viver e fazer viver.

Todo esforço e empenho empreendido no itinerário catequético vale a pena pela alegria de ver alguém "que nasceu de novo", que se apaixonou por Jesus Cristo e sua proposta, e aprendeu a ver o mundo com outro olhar.

Com desejos de alegria na missão, receba nosso abraço,

Os autores

O grande amor de Jesus por nós

1 Amigos e irmãos

Bendito seja Deus que nos reuniu no amor de Cristo.

Objetivos do encontro

☀ Interagir, brincar e perceber a importância de estar junto com os colegas.

☀ Reconhecer que cada um é importante e especial na formação do grupo de catequese.

☀ Descobrir por que o convite de Jesus para *cear com Ele* é especial.

> O catequizando precisa sentir que é importante no grupo e que pode experimentar o quanto é bom viver em comunidade, como amigos e irmãos, durante os encontros na catequese. Nesta etapa do caminho os catequizandos irão conhecer o que significa comungar o pão e o vinho na Ceia de Jesus e dos cristãos.

Material necessário

↳ Providenciar balões de festa de aniversário, um para cada cinco catequizandos.

↳ Fazer um cartaz com a frase "Bem-vindos". Use a criatividade.

↳ Uma folha branca de papel A4 para cada catequizando.

↳ Pincéis, giz de cera ou lápis de cor para desenhar e pintar uma mão.

↳ Papel kraft para fazer um cartaz grande com o título em destaque: "Juntos somos uma bonita obra de arte de Deus". As mãos serão coladas pelos catequizandos neste cartaz. Podem ser coladas aleatoriamente ou em um desenho já feito pelo catequista. Por exemplo: as mãos dos catequizandos podem ser as pétalas de uma flor, coladas em cima do caule já desenhado pelo catequista, ou em um círculo dando a ideia de comunidade.

⤷ Providenciar a música "Amigos" (Jair Oliveira – CD *Grandes Pequeninos*). A música pode ser pesquisada na internet. Se possível providenciar para que todos tenham acesso à letra para cantar (cartaz, datashow, impressão...).

Preparação do ambiente

⤷ Organizar o ambiente deixando espaço no centro para a dinâmica com os balões.

⤷ Colocar no centro da sala uma toalha colorida, vela acesa, Bíblia e flores.

PASSOS DO ENCONTRO

➡ **OLHAR A NOSSA VIDA**

Vamos nos abraçar como gesto de acolhida e amizade (dar tempo para abraços). Estamos iniciando outro tempo de caminhada e amizade entre nós e com Jesus. Vamos também dar um "abraço de urso"? (Abraço de urso é quando todos se abraçam bem juntinhos.)

Motivar a participar da dinâmica, explicando: Vamos ficar bem juntinhos no centro da sala. Eu vou jogar balões para o alto e a missão de cada um é não deixar cair nenhum no chão.

Dar início à atividade e devagar ir tirando uma ou duas crianças do grupo por vez, de maneira que irá ficar mais difícil manter todos os balões no alto. O objetivo é ajudar a perceber como cada um é importante e faz falta no grupo. Encerrar a brincadeira quando sobrar um grupo pequeno tentando manter os balões no ar. (A dinâmica dura uns 15min)

Em seguida, conversar sobre: O que podemos aprender dessa brincadeira? (Ouvir.) Deu para perceber como cada um faz falta neste grupo da catequese? (Ouvir.)

Comentar que cada um é muito importante nesta nova etapa da caminhada que fazemos na catequese. Além disso, cada um, com seu jeito de ser, faz o encontro de catequese ficar mais gostoso.

➡ ILUMINAR A NOSSA VIDA

Os amigos costumam se ajudar, um apoia o outro. Assim é na vida da gente, os amigos nos ajudam, nos corrigem, querem o melhor para nós.

Na catequese, somos convidados a responder ao convite de Jesus que diz: "Venham cear comigo", crescendo no amor e na comunhão com Deus e com os irmãos. Os nossos amigos, durante os encontros catequéticos, irão nos ajudar a conhecer, refletir e vivenciar o que significa cear com Jesus, além de comungar o pão e o vinho na Ceia de Jesus e dos cristãos. Então, vamos percorrer juntos um caminho de descoberta e de crescimento no amor e na fraternidade, também nos valores ensinados por Jesus.

Juntos vamos conhecer um pouco mais de Jesus, nosso amigo, para poder decidir se aceitamos o seu convite para cear com Ele. Vamos experimentar o quanto é bom viver em comunidade, como amigos e irmãos, durante os encontros na catequese.

➡ NOSSO COMPROMISSO

Vamos apoiar uns aos outros para não desanimar, não desistir no meio do caminho da catequese? (Ouvir.) Cada um de nós precisa ficar atento, não deixar ninguém de fora da vivência de comunhão, de fraternidade, e amizade com Jesus e entre nós. Precisamos nos conhecer melhor e crescer ainda mais na amizade. Vocês topam? (Ouvir.)

Orientar o grupo: cada um irá receber uma folha em branco, nela desenhar e pintar uma de suas mãos. Depois que pintar, pode recortar o desenho. (Dar tempo para a realização da atividade.) Convidar cada um a ir colando as suas "mãos coloridas" no cartaz já preparado com o título "Juntos somos uma bonita obra de arte de Deus".

Música: "Amigos" (Jair Oliveira – CD Grandes Pequeninos).

➡️ **CELEBRAR O NOSSO ENCONTRO**

Colocar o cartaz com as mãos dos catequizandos no centro da sala, próximo à Bíblia e à vela acesa.

Cada um de nós é único, não há uma mão e uma digital iguais às de outra pessoa. Para Deus somos muito queridos e importantes. Jesus, seu Filho, nos convida a cear com Ele e espera uma resposta. Nossa resposta vai exigir um compromisso com Jesus. Por isso, peço que quem quer cear com Jesus, participar da Eucaristia, conhecer melhor o que significa aceitar esse convite, dê um passo, diga seu nome e venha completar um círculo ao redor desses símbolos. (Esperar que cada um diga seu nome e venha para o círculo.)

Rezemos juntos.

(A oração está no livro do catequizando.)

Vamos ficar de mãos dadas e repetir juntos: **Bendito seja Deus que nos reuniu no amor de Cristo! (3x)**

Nós nos tornamos um grupo, uma comunidade. Vamos dar graças a Deus que nos chamou a ser comunidade e nos reuniu no amor de Jesus Cristo nesta caminhada na catequese, onde podemos sentir o seu amor e o valor da amizade.

1. *Senhor Deus, nós te damos graças pela alegria deste encontro de irmãos.*

Todos: *Bendito seja Deus que nos reuniu no amor de Cristo!*

2. *Damos graças, querido Deus, pela companhia e pela amizade que nos une.*

Todos: *Bendito seja Deus que nos reuniu no amor de Cristo!*

3. *Querido Deus, queremos crescer no amor, na comunhão, na fraternidade.*

Todos: *Bendito seja Deus que nos reuniu no amor de Cristo!*

Rezemos juntos a oração que Jesus nos ensinou: Pai nosso...

➡ NO LIVRO DO CATEQUIZANDO

- Orientar as atividades do livro do catequizando. Verificar o que será feito em casa e o que pode ser feito no encontro.

➡ NA NOSSA FAMÍLIA

- Conte a seus pais como foi este nosso encontro na catequese e o compromisso que você assumiu de participar dos encontros. Peça ajuda para ser fiel e estar sempre presente nos encontros da catequese.

2 — O caminho da comunhão: ser peregrino no amor

Eu sou o caminho, a verdade e a vida. (Jo 14,6)

Objetivos do encontro

- ☀ Aprofundar o que significa o caminho percorrido na catequese, caminho da vivência da comunhão e do amor.
- ☀ Compreender que o caminho de Jesus é um caminho que leva à vida nova.

> O catequizando é convidado a percorrer o caminho da catequese. Caminho que nos faz descobrir nossa verdadeira identidade cristã, iluminada pela Palavra. Caminho que passa pela morte e ressurreição de Jesus, para com Ele ser sinal de vida nova, luz do amor no meio do mundo.

Material necessário

- ↳ Providenciar um espelho, Bíblia, cruz, vela bonita, barbante grosso.
- ↳ Escrever em pequenas tiras de papel situações de morte (cruz): doenças, violência, fome e miséria, destruição da natureza, desemprego, preconceito. E também situações de Páscoa (vida nova): saúde, emprego, alegrias, amor, justiça, solidariedade, respeito pelas pessoas, partilha e outros.
- ↳ Providenciar a música "Dentro de mim" (Pe. Zezinho). A música pode ser pesquisada na internet. Se possível providenciar para que todos tenham acesso à letra para cantar (cartaz, datashow, impressão...).
- ↳ Faixa de papel com o versículo: "Eu sou o caminho, a verdade e a vida" (Jo 10,27).

Preparação do ambiente

ↆ Chegar com antecedência para o encontro catequético e arrumar o local com um caminho desenhado no chão com barbante (o caminho precisa ter curvas e ser um pouco longo). No início do caminho, colocar um espelho; um pouco à frente, colocar a Bíblia aberta (dentro dela uma pequena faixa de papel escrito: "Senhor, mostra-me o teu caminho e ensina-me por onde devo andar" – cf. Sl 25,4). Mais à frente colocar a cruz, e um passo à frente dela colocar uma vela bonita acesa. Use a criatividade e enfeite o caminho como quiser: folhas secas, pedras, galhos verdes espalhados ao longo do barbante, panos coloridos embaixo da Bíblia e da cruz...

ↆ No início do caminho, colocar uma pequena faixa de papel com o versículo: "Eu sou o caminho, a verdade e a vida" (Jo 10,27).

ↆ Distribuir as faixas de papel com as situações de morte e de vida nova para alguns catequizandos, antes de começar o encontro. No momento indicado eles colocarão as faixas de papel ao redor do crucifixo.

ↆ O catequista poderá, em alguns momentos, convidar o grupo a andar pelo caminho e, em outros, a sentar ou ficar em pé, em círculo, ao redor do caminho.

PASSOS DO ENCONTRO

➡ OLHAR A NOSSA VIDA

Vamos olhar para este caminho no chão. O que vemos? (Ouvir.) Podemos dizer que iniciamos agora um caminho mais íntimo com Jesus. Quem se propõe a caminhar é um peregrino, ou seja, alguém em busca de algo, que no nosso caso é a Eucaristia, é cear com Jesus, é viver uma vida de amizade e intimidade com Ele.

Convido vocês a percorrerem comigo o caminho da catequese, o caminho da comunhão, aqui representado nestes símbolos. Jesus nos diz: "Eu sou o caminho, a verdade e a vida" (Jo 14,6). Por isso, Ele é a razão da nossa jornada e viver em intimidade com Ele nos traz vida nova. Este é, também, o motivo da catequese nos apresentar o caminho de Jesus.

No início do caminho há um espelho, cada um pode chegar e olhar dentro dele. O que você viu? (Ouvir.) Aceitar caminhar nos passos de Jesus é também se conhecer um pouco mais, descobrir quem somos. Vamos perceber aquilo que Jesus vai nos mostrar com sua vida: Deus nos ama.

Mais à frente, no caminho, o que vemos? (Ouvir.) Por que será que a Bíblia está aqui? (Ouvir.) A Bíblia contém a Palavra de Deus e nos guia no caminho da comunhão e do amor, nos passos de Jesus. Ela também nos ajuda a sermos pessoas melhores a cada dia.

(Pegar a Bíblia aberta. Explicar que ela irá passar de mão em mão e pedir que cada um diga: "Senhor, mostra-me o teu caminho e ensina--me por onde devo andar" (cf. Sl 25,4). Depois a Bíblia será colocada no mesmo lugar.)

➡ ILUMINAR A NOSSA VIDA

Vamos pegar a cruz e passar de mão em mão e em silêncio (dar tempo para isto). A cruz nos lembra que Jesus passou pela morte e ressurreição. Assim, ao olharmos para a cruz, podemos compreender que o caminho que Jesus nos mostra e ensina é de que Deus nos ama e nossa atitude como seus filhos é de, assim como Jesus, percorrer o caminho do amor e da comunhão com o Pai e os irmãos. Mas é preciso entender que nesse caminho há a cruz (situações difíceis, frustrações...), para que possamos ter vida nova, ter Páscoa (transformar as situações de cruz).

Vamos colocar ao redor da cruz aquilo que é situação de sofrimento e também aquilo que é vida nova, ou seja, Páscoa nos dias de hoje.

(Dar tempo para o grupo colocar as faixas ao redor da cruz. Pedir para dizer em voz alta as situações que são sinais de morte e depois as situações que são sinais de vida nova. Se alguém tiver outros sinais de morte e também de vida nova poderão falar.)

Podemos observar que na vida da gente a dor, o sofrimento e também as alegrias, os sinais de vida nova estão todos misturados. Jesus venceu a morte, então a dor, o sofrimento, as tristezas e todas as cruzes do mundo de hoje não têm a última palavra. A última palavra de Deus é o Amor, capaz de vencer tudo, até a morte. Ele conta conosco para sermos seus pés e mãos neste mundo, ajudando a transformar dor em alegria, morte em vida nova.

Seguindo Jesus, nos tornamos *peregrinos no amor*, aprendendo a amar mais a cada dia.

➡ NOSSO COMPROMISSO

Comunhão é a participação nos mesmos sentimentos de Jesus e da sua comunidade, a Igreja. Comunhão é um laço que une a comunidade. É a comunidade agindo como comum-unidade. Ao longo desse caminho na catequese, estamos descobrindo também o que significa ser Igreja.

Qual é o último símbolo que está no nosso caminho? (Ouvir.) Esta vela representa a luz do amor de Deus que vai nos acompanhando pelo caminho. Mas, também somos chamados a ser luz na vida dos outros, da comunidade, do mundo. Levar a luz do amor de Deus, revelado por Jesus, será nossa missão. Quem aceita levar a luz do amor diz bem alto: **Eu aceito.**

➡️ **CELEBRAR O NOSSO ENCONTRO**

(A oração está no livro do catequizando.)

Disse Jesus certa vez: "Minhas ovelhas ouvem a minha voz; eu as conheço e elas me seguem" (Jo 10,27). Com confiança de que Jesus nos conhece e nos chama, nos quer no seu caminho e ouve a nossa voz, vamos nos dirigir a Ele pedindo:

Todos: *Senhor, permanece conosco a cada passo do caminho!*

Meninas: *Fica conosco, Jesus, contagia-nos sempre com o teu amor!*

Todos: *Senhor, permanece conosco a cada passo do caminho!*

Meninos: *Permite-nos, querido Jesus, dar passos firmes com coragem, enfrentando as dificuldades, as decepções, os sofrimentos que a vida nos apresenta.*

Todos: *Senhor, permanece conosco a cada passo do caminho!*

Meninas: *Permanece conosco, Senhor, ao nosso lado. Guia-nos com tua mão, para darmos passos, crescendo na vivência da comunhão, da amizade e da fraternidade.*

Todos: *Senhor, permanece conosco a cada passo do caminho!*

Rezemos juntos:

Senhor Jesus, nós cremos que és o caminho, a verdade e a vida. Dá-nos coragem de mudar e crescer sempre, para que possamos ser para os outros aquilo que Tu nos chamaste a ser: sinal do teu amor. Amém!

Música: "Dentro de mim" (Pe. Zezinho).

➡ NO LIVRO DO CATEQUIZANDO

↳ Orientar as atividades do livro.

↳ A atividade número 2 poderá ser partilhada com todos ou em pequenos grupos.

↳ Incentivar o catequizando a realizar a atividade número 3.

➡ NA NOSSA FAMÍLIA

↳ Contar aos pais sobre o que descobriu neste encontro.

PARA O PRÓXIMO ENCONTRO

Pedir que tragam algum tipo de lanche para ser partilhado com todos no final do encontro.

3 — A ceia pascal de Jesus

Fazei isto em memória de mim. (Lc 22,19b)

Objetivos do encontro

- Relembrar a última ceia pascal de Jesus.

- Compreender que a comunidade dos discípulos de Jesus se reúne ao redor do altar para realizar os mesmos gestos de Jesus naquela última ceia.

- Despertar para o fato de que cear com Jesus é aprender a partilhar.

> O catequizando precisa compreender que aquela última ceia pascal de Jesus foi especial. Ao partir o pão e passar o cálice, Ele pediu que se recordassem dele toda vez que comessem ou bebessem juntos. Participar da Ceia de Jesus é aprender a partilhar.

Material necessário

- Roupas para alguém que vai representar Moisés. Basta uma túnica ou uma faixa de pano colorido por cima da roupa da criança.

  Observação: Se o(a) catequista quiser, em lugar do personagem para narrar a história da primeira Páscoa, ele(a) mesmo(a) poderá fazer a narração.

- Suco de uva e tacinhas (ou copinhos) para servir.

- Um quadro ou imagem da última ceia (se possível). Também poderá ser projetada a imagem no datashow.

- Um pão redondo e grande (se possível). Ou pão círio ou outro tipo de pão maior.

- ↳ Providenciar 4 fichas ou faixas de papel com as seguintes palavras e frases: PÁSCOA = PASSAGEM; ÊXODO = SAÍDA; "FAZEI ISTO EM MEMÓRIA DE MIM!"; PÁSCOA = VIDA NOVA.

- ↳ Providenciar a música "Ó dá-nos, Senhor, deste Pão" (Ir. Miria T. Kolling). A música pode ser pesquisada na internet. Se possível providenciar para que todos tenham acesso à letra para cantar (cartaz, datashow, impressão...). Outro canto litúrgico da Ceia do Senhor (Quinta-feira Santa) também pode ser utilizado.

Preparação do ambiente

- ↳ Uma mesa, se possível grande, coberta com uma toalha, flores, vela acesa, uma jarra com suco de uva, o pão e os copinhos sobre ela.

- ↳ As cadeiras deverão estar dispostas em torno da mesa.

- ↳ Organizar o lanche que os catequizandos trouxeram para partilhar em outra mesa.

PASSOS DO ENCONTRO

➡ **OLHAR A NOSSA VIDA**

Começar o encontro narrando o depoimento sobre como a Fabiana e sua família se reuniam na Páscoa.

A PÁSCOA EM FAMÍLIA

Lucimara Trevizan

A Fabiana, que hoje é adulta, diz que foi uma menina muito espevitada, que tinha pai, mãe e outra irmã. Morava no interior de Minas Gerais, numa cidade cercada de montanhas por todos os lados.

Fabiana conta que desde pequena se acostumou com o fato de que fazia parte de uma grande família, com vários tios, primos e avós. Ela amava passar todas as férias da escola no sítio da família de sua mãe, com os avós, tios e primos. Sua avó Francisca passava o dia ao redor do fogão de lenha, preparando a comida para a família toda. Seu avô

Ângelo costumava sentar na varanda toda tarde e contava histórias dos antigos, pessoas da família que já não mais viviam e também casos engraçados. E era muito bom escutar essas histórias. Porém, o que Fabiana mais amava era a reunião de toda a família que acontecia no sítio, na Páscoa. Alguns tios e primos moravam longe, mas vinham todos para o encontro na Páscoa. Todas as tias e a mãe, junto com a avó, se reuniam um dia antes para preparar os ingredientes do almoço do domingo da Páscoa. Os homens arrumavam uma grande mesa no rancho onde todos iam se sentar durante o almoço. No sábado iam todos na Vigília Pascal, na igreja matriz da paróquia, na cidade, celebrar a Páscoa.

Fabiana diz que no domingo da Páscoa havia o almoço, simples e saboroso, com o que tinha de melhor no sítio. Para Fabiana era um banquete. No entanto, ela conta que o melhor mesmo era o encontro da família. Havia muito riso, histórias engraçadas, alguns primos menores que corriam atrás dos maiores. Durante e após o almoço era a hora de partilhar como cada um estava, as dificuldades e as alegrias de cada um. Tudo isso misturado com o bom humor e alegria de estar junto.

Para Fabiana o tempo passou, os avós e alguns tios já faleceram. Mas, a Páscoa para ela é sempre sinal de encontro, de saudade, sempre sinal de alegria. Para ela Páscoa é isso: a vida que se renova ao redor da mesa, o amor que é alimentado pela convivência, pela partilha e pela saudade.

A sua família também costuma se reunir? Quando? (Ouvir.) Como são esses encontros? (Ouvir.) Vocês sabem qual é a festa mais importante para todos os cristãos? (Ouvir.) A Páscoa é a festa mais importante para nós, os cristãos. Nós celebramos a Páscoa uma vez, a cada ano. Como vocês celebram a Páscoa? (Ouvir.)

A Páscoa não se resume em dar ou receber ovos de chocolate, em feriado para descansar ou viajar; na verdade, é muito mais do que isso. Vamos juntos compreender o que ela significa.

➡ ILUMINAR A NOSSA VIDA

Vocês sabem como aconteceu a primeira Páscoa? (Ouvir.) A primeira Páscoa aconteceu na época de Moisés. Foi há mais de mil anos antes de Jesus nascer. Ele mesmo vai contar essa história para nós.

(Chamar quem vai representar Moisés. O catequizando pode ler o que segue se não conseguir falar com suas palavras.)

NARRATIVA DA PRIMEIRA PÁSCOA

Meu nome é Moisés, sou um judeu, nascido há mais de mil anos antes de Jesus. Um dia, eu estava pastoreando as ovelhas de meu sogro Jetro e, subindo a montanha de Deus, Ele me pediu que fosse ao Egito libertar o nosso povo da escravidão em que vivia.

Chamei o meu irmão Aarão e fomos pedir ao faraó do Egito que deixasse o nosso povo partir de volta à sua terra natal. É claro que o faraó não permitiu.

Deus, então, enviou sobre o Egito, dez pragas, para convencê-lo a deixar o povo partir. Após os prejuízos provocados pelas pragas, o Faraó, finalmente, permitiu a saída do povo das terras do Egito.

Naquela noite da libertação, foi celebrada a primeira Páscoa dos judeus: cada família preparou um cordeiro, um filhote de carneiro com um ano de idade, assado, pão sem fermento (não dava tempo de esperar a massa fermentar e crescer...) e uma hortaliça amarga, e comemos já vestidos e prontos para a partida. Nesse dia celebramos a primeira PÁSCOA do Senhor, palavra que quer dizer PASSAGEM, da escravidão para a liberdade. A partir daí, nós judeus celebramos a Páscoa, a cada ano, lembrando a libertação que Deus realizou.

Esta história que ouvimos é tirada da Bíblia, do Livro do ÊXODO, palavra que quer dizer SAÍDA. (Mostrar a ficha). O Êxodo é o segundo livro da Bíblia. (Mostrar onde fica o Livro do Exôdo.)

Descobrimos que a Páscoa começou a ser celebrada pelos judeus há mais de mil anos antes de Jesus nascer e é a celebração da libertação da escravidão do povo de Israel que vivia como escravo no Egito. É a passagem da escravidão para a liberdade. Deus ouviu as preces do seu povo, escolheu Moisés e o enviou para libertar seu povo. Deus libertou seu povo da escravidão. Desde essa época o povo de Israel festejava, todos os anos, a Páscoa, a passagem da vida ruim e de escravidão no Egito para a vida de pessoas livres na terra de Israel.

Jesus era judeu e celebrava a festa da Páscoa todo ano com sua família, bem como todos os judeus. Era o momento em que se lembrava a história de que Deus ouviu o clamor do seu povo e o tirou da escravidão no Egito.

Contam os evangelhos que a celebração da Páscoa pelos judeus estava próxima. Jesus então combinou com seus discípulos de fazerem juntos a refeição pascal. A ceia pascal ia começar. Era costume que um servente lavasse os pés dos convidados, antes de se reclinarem em torno da mesa (esta era muito baixa e os convidados ficavam reclinados sobre almofadas). Jesus tomou uma bacia com água e uma toalha e começou a lavar os pés dos discípulos. Eles ficaram surpreendidos. Pedro não queria permitir tal coisa! Mas Jesus lavou seus pés e disse a Pedro: "Mais tarde você compreenderá isso".

Ainda outra surpresa aguardava os discípulos. Ao bendizer a Deus pelo pão, Jesus disse: "Isto é meu corpo, que é dado por vocês". E na bênção do cálice disse, dando graças: "Este cálice é o meu sangue, o sangue da nova aliança, derramado por todos os homens".

Jesus quis celebrar essa ceia pascal, mas ao mesmo tempo a transformou. Ele dá um novo sentido a ela; quis livremente nos servir no amor até o fim. Vamos ouvir as palavras que Jesus disse aos discípulos nessa ceia.

📖 Com a Bíblia na mão ler o Evangelho de Lc 22,14-20.

O que Jesus disse quando pegou o pão e o repartiu com os apóstolos? (Ouvir.) "Isto é o meu corpo que é dado por vocês". Lembrando o gesto de Jesus, vamos partilhar o pão.

(Repartir o pão e entregar pedaços a cada um dos catequizandos.)

O que Jesus disse ao passar o cálice de vinho? "Este vinho é o meu sangue que vai ser derramado por vocês. É o sangue da nova aliança. Façam isto para se lembrarem de mim".

(Colocar o suco de uva nos copinhos, que vão sendo entregues a cada um. Todos comem o pão e bebem o vinho.)

Essa foi a última ceia de Jesus. Veremos no próximo encontro o que aconteceu no dia seguinte em que Ele foi preso, condenado e morto na cruz. Como Jesus sempre estava ao redor da mesa, partilhando as refeições com os discípulos, aquela última ceia foi especial. Ao partir o pão e passar o cálice, Jesus pediu que se recordassem dele toda vez que comessem ou bebessem juntos. Muito tempo depois, os discípulos compreenderam estes dois gestos de Jesus. Ele se colocou a serviço de todos, deu a vida pela libertação dos homens de todo tipo de escravidão (do medo, da violência, da miséria, do egoísmo...). Ao realizar aqueles gestos antes de morrer, na ceia de despedida, Jesus estava dizendo que oferecia a sua vida para que o Reino de Deus se realizasse.

Após sua morte e ressurreição, toda vez que os discípulos se reuniam ao redor da mesa para cear, eles sentiam uma saudade imensa de Jesus. E também contavam fatos, acontecimentos da vida com Ele. Era uma maneira de torná-lo presente, de "matar" um pouco a saudade que sentiam de Jesus.

Os discípulos reuniam-se todos nas casas, oravam juntos, recordavam a mensagem de Jesus, comiam o pão, bebiam o vinho e a vida se transformava. A isso chamavam "Ceia do Senhor" ou "fração do pão". Então podemos dizer que é em torno da mesa que os seguidores de Jesus se constituem como verdadeira comunidade, sinal do Reino de Deus. Por isso, os cristãos até hoje se reúnem ao redor da mesa do altar para celebrar a "Ceia do Senhor", na Celebração da Eucaristia.

Música: "Ó Dá-nos, Senhor, deste Pão" (Ir. Miria T. Kolling).

➡ NOSSO COMPROMISSO

A mesa é sinal de comunhão. Jesus gostava de fazer as refeições com seus amigos, fazia refeições com os mais pobres. A mesa é lugar da partilha, da amizade, do convívio, de encontro. Como são feitas as refeições da sua casa? Vamos valorizar as refeições com a família toda.

Participar da Ceia de Jesus é aprender a partilhar. Podemos partilhar o coração, ou seja, amar cada dia um pouco mais. Claro que também precisamos partilhar alimento com quem tem fome. Vamos identificar na nossa comunidade paroquial alguma família que está precisando de ajuda? Vocês topam? (Ouvir.) O que pudermos partilhar irá ajudar. (Combinar como fazer para recolher alimentos. Verificar se não há alguma família de catequizandos precisando de ajuda.)

Ao participar da Celebração da Eucaristia, vamos prestar atenção em como, nesta celebração, é feita a memória da última ceia de Jesus. Observe como o padre repete os gestos e as palavras de Jesus na última ceia.

➡ CELEBRAR O NOSSO ENCONTRO

Rezemos juntos.

(A oração está no livro do catequizando.)

Querido Jesus,
Hoje fizemos memória da Tua última ceia pascal.
Descobrimos que Tu gostavas de partilhar as refeições e a vida com teus amigos.
Nosso coração sedento de amor também quer participar da Tua ceia, a Eucaristia.
Tua mesa é sinal de partilha, é mesa da festa, do afeto e da comunhão.
Faz de nós teus amigos, pessoas que partilham o pão para que não haja fome no mundo.
Abraça nossa fragilidade e não nos abandone.
Toma-nos pela mão e nos conduza a uma vida fraterna e feliz.
Amém.

Rezemos também, de mãos dadas, a oração que Jesus nos ensinou, implorando o pão do amor, o pão da fraternidade: Pai nosso...

(Se possível, rezar, ao redor da mesa que está com o lanche que será partilhado.)

➡ NO LIVRO DO CATEQUIZANDO

↳ Orientar as atividades do livro do catequizando. A atividade número 1 pode ser feita em pequenos grupos.

➡ NA NOSSA FAMÍLIA

↳ Contar, em casa, como foi a primeira Páscoa dos judeus e o que significa a Páscoa para os cristãos.

4   Jesus dá a vida por seus amigos

Ninguém tem maior amor do que aquele que dá a vida por seus amigos. (Jo 15,13)

Objetivos do encontro

- ☀ Identificar os fatos da Paixão, Morte e Ressurreição de Jesus.

- ☀ Compreender o significado da Morte e Ressurreição de Jesus e sua relação com a Páscoa para os cristãos.

- ☀ Reconhecer o que é viver a vida nova que a Páscoa nos traz e ser Luz na vida dos outros e do mundo.

> Este encontro precisa ajudar o catequizando a conhecer os fatos que marcaram a Paixão, Morte e Ressurreição de Jesus, o significado da cruz para os cristãos e o sentido da Páscoa como a Ressurreição de Jesus, passagem da morte para a vida, identificando Jesus como a luz da nossa vida!

Material necessário

- ↳ Uma toalha, um pano roxo e uma cruz.

- ↳ Uma vela grande (onde for possível, o Círio Pascal) e a Bíblia.

- ↳ Uma ficha ou faixa em papel kraft com a frase: "Ninguém tem maior amor do que aquele que dá vida por seus amigos" (Jo 15,13).

- ↳ Imagens que representam situações de:

  - **cruz:** violência, sofrimento, egoísmo, injustiça, desemprego, doenças, abandono, destruição da natureza... (Distribuir as imagens para alguns catequizandos para que coloquem ao redor da cruz no momento indicado.)

- **vida nova, de Páscoa:** alegria, amor, perdão, amizade, justiça, carinho, cuidado, cuidado com a natureza, plantar árvore, saúde... (Distribuir as imagens para alguns catequizandos para que coloquem ao redor da vela no momento indicado).

↳ Preparar a música "Prova de amor maior não há" (José Weber) e a música "Dentro de mim" (Pe. Zezinho). As músicas podem ser pesquisadas na internet. Se possível providenciar para que todos tenham acesso às letras para cantar (cartaz, datashow, impressão...).

↳ Providenciar uma vela pequena para cada catequizando e fitas brancas, fininhas, com tamanho suficiente para que cada um faça um laço na vela ao término da oração final.

↳ Conforme a realidade de cada grupo, o catequista deve avaliar se serão necessários dois encontros para aprofundar este tema.

Preparação do ambiente

↳ Colocar no chão, à medida que for indicado durante o encontro, uma tolha e sobre ela a cruz. O pano roxo pode ser colocado embaixo da cruz ou embaixo da vela acesa. E, ao lado, colocar a Bíblia aberta no texto que será lido e a ficha ou faixa com a frase pode ser colocada aos pés da cruz.

↳ Cadeiras dispostas em círculo ou assentar-se no chão ao redor da cruz.

PASSOS DO ENCONTRO

➡ OLHAR A NOSSA VIDA

Colocar uma toalha e a cruz no centro do local do encontro. Pedir que todos olhem atentamente para a cruz em silêncio.

A cruz é símbolo de morte, de sofrimento, de dor. Vamos colocar ao redor da cruz imagens de situações que significam cruz na vida das pessoas.

(Dar tempo para isso. O catequista vai ajudando o grupo a identificar quais situações de cruz as imagens indicam. Espontaneamente pode-rão lembrar de outras situações de cruz que vive o mundo, a natureza, as pessoas próximas.)

Comentar que para nós cristãos a cruz é símbolo da paixão e morte de Jesus.

➡ ILUMINAR A NOSSA VIDA

Jesus anunciou o Reino de Deus e muitas pessoas acreditaram nele, o seguiram e tiveram suas vidas transformadas. Os discípulos viam o entusiasmo das pessoas, nas cidades por onde Jesus passava. O povo admirava suas palavras e ficava entusiasmado com seus gestos. A es-perança ressurgia porque o Reino de Deus estava acontecendo no meio deles, o mal estava sendo vencido por Deus, pois havia cura, compaixão, partilha, fraternidade. Porém, muitas pessoas, sobretudo os homens "poderosos" daquela época, não gostaram disso e trama-ram a morte de Jesus. E após a última ceia, Jesus foi preso.

O sumo sacerdote o entregou a Pilatos, que era o governador romano naquela região. O argumento foi o de que Jesus era uma ameaça para o Império Romano. Disseram que Jesus era um falso Messias, que queria ser rei dos judeus. E Pilatos condenou Jesus à morte. Seria crucificado, como os romanos faziam com os criminosos e aqueles que ameaçavam a paz do Império.

Os discípulos fugiram com medo e o abandonaram. Ele carregou uma cruz pelas ruas de Jerusalém, sendo em seguida pregado nela. Depois de três horas de sofrimento na cruz, Jesus disse: "Pai, em tuas mãos entrego o meu espírito", e morreu. Alguns conhecidos, como mulheres que acompanhavam o grupo de Jesus, estavam aflitos e se mantinham à distância, acompanhando tudo.

Jesus foi perseguido e assassinado porque pregou e viveu a bondade, a solidariedade, a compaixão, o amor, a justiça. Acompanhando a vida, os gestos e ensinamentos de Jesus, percebemos que o condenaram a morte, injustamente. Ele pregou o Reino de Deus, propôs e ensinou como construir um mundo melhor, um mundo de irmãos, ou seja, de amor e fraternidade. Jesus foi fiel até o fim a missão que o seu Pai lhe confiou. Por isso, dizemos que Ele foi morto porque nos amou até o fim.

Jesus não ficou indiferente à pobreza, à fome, à doença, à violência e à exclusão que existiam naquela época. Quando Deus Reina verdadeiramente na vida da gente não há lugar para isso tudo. O modo de ser e viver de Jesus incomodou muita gente que não queria mudar essa realidade. Os que condenaram Jesus não quiseram ver o que Deus quis mostrar: o seu grande amor por nós, revelado na vida e na morte de seu Filho Jesus.

Os discípulos de Jesus logo compreenderam o que Jesus havia dito: "Não há maior amor do que dar a vida pelos amigos".

📖 Com a Bíblia na mão ler o Evangelho de Jo 15,13-15.

A cruz é, então, para os cristãos, símbolo da paixão e morte de Jesus. Ela significa a vida de amor e doação de Jesus. Também lembra as nossas dificuldades, as cruzes que as pessoas carregam. A cruz marca nossa identidade de cristãos. E significa mais: a cruz é o símbolo da vida que vence a morte.

Música: "Prova de amor maior não há" (José Weber).

(Enquanto canta-se a música, a catequista segura a cruz em suas mãos e convida os catequizandos a beijá-la ou fazer um gesto diante dela dizendo: **Obrigada, Senhor Jesus!**)

Três dias depois, na madrugada do domingo, algumas mulheres descobriram que Jesus não estava mais no túmulo e contaram para os discípulos. Deus o Ressuscitou! Isso significa que Jesus estava vivo, de uma maneira nova, diferente! Ele apareceu no meio dos discípulos em várias ocasiões, como narram os evangelhos e, pelos seus gestos e palavras, os discípulos tinham certeza de que era Jesus mesmo. E começaram a contar esta "Boa-notícia" para todos, com alegria e coragem: Jesus vive! Jesus ressuscitou!

Vimos que para os judeus a Páscoa é a celebração da PASSAGEM da escravidão do Egito para a Libertação. Para os seguidores de Jesus, a Páscoa é a Ressurreição de Jesus. Jesus está vivo no nosso meio. O sentido da palavra PÁSCOA continua sendo PASSAGEM, mas agora com um sentido novo: passagem da morte para a vida, uma VIDA NOVA com Jesus. (Mostrar a ficha.) É esse o significado da Páscoa para os cristãos: Jesus ressuscitou!

Vamos colocar a vela acesa ao redor da cruz, que aqui representa a Luz de Cristo. Ao lado da vela podemos colocar as imagens de situações de Páscoa na nossa vida.

(Dar tempo para isso. O catequista vai ajudando o grupo a identificar que situações as imagens indicam.)

Celebrar a Páscoa é muito importante para os cristãos porque acreditamos que Jesus vive e que a vida vence sempre a morte. Jesus é a luz da nossa vida! Ele trouxe a certeza de que a morte, a dor, o sofrimento, não irão vencer, porque nosso Deus é o Deus da vida e

Jesus venceu a morte. Isso mostra o grande amor de Cristo por nós, o amor do Pai para conosco, manifestado através de Jesus. Essa é a notícia mais maravilhosa que os discípulos de Jesus testemunharam e contaram para nós. O amor de Deus é sempre maior do que o pecado. Da morte brota a vida!

Essa Nova Vida que é a Páscoa, é a capacidade de amar como Jesus amou, é "passar pela vida fazendo o bem", como fez Jesus. É sempre Páscoa quando superamos nossas dores, sofrimentos. Páscoa é quando amamos, perdoamos, sorrimos, cuidamos e protegemos a vida. Deixemo-nos iluminar, levemos a Luz da Ressurreição de Jesus, no nosso dia a dia, iluminando os recantos da nossa vida.

➡ NOSSO COMPROMISSO

Para nós cristãos a Celebração da Eucaristia, a Missa, é nossa Páscoa. Nela fazemos memória da vida, a paixão, morte e ressurreição de Jesus. Por isso, a Eucaristia é o nosso alimento, nosso sustento. Por essa razão, estamos descobrindo o quanto é precioso nos prepararmos bem para participarmos dessa Ceia de Jesus.

Podemos viver desde já a vida nova de ressuscitados e podemos ser Páscoa, levar a Luz da Ressurreição, da vida nova que Jesus nos indica, na vida das pessoas que vivem nas trevas de suas cruzes.

Orientar para responder o item 3 do livro do catequizando.

➡ CELEBRAR NOSSO ENCONTRO

Vamos ficar ao redor do Círio Pascal (ou da vela maior acesa) e da cruz. Cada um vai receber uma vela e uma fita branca.

(Colocar música ambiente. Dar tempo para distribuir para cada catequizando.)

Em silêncio cada um pensa em como ser Luz na vida da família, no mundo, com os amigos, na escola. Em seguida acende a sua vela na vela maior, com cuidado.

(Dar tempo para que todos acendam a sua vela.)

Vamos rezar juntos o Pai-nosso.

Pedir, em seguida, que cada um apague a sua vela e nela façam um laço, com a fita branca que receberam, simbolizando o compromisso de viver a Páscoa e ser luz no mundo.

Música: "Dentro de mim" (Pe. Zezinho).

➡ **NO LIVRO DO CATEQUIZANDO**

Orientar as atividades propostas. Avaliar quais atividades poderão ser feitas durante o encontro catequético e quais deverão ser feitas em casa.

➡ **NA NOSSA FAMÍLIA**

Solicitar que perguntem a seus pais se eles sabem de algum fato sobre a Ressurreição de Jesus e escute-os. Depois conte o que você descobriu no encontro de hoje, sobretudo o significado da cruz para os cristãos e também sobre o que é Páscoa.

PARA O PRÓXIMO ENCONTRO

Pedir para os catequizandos trazerem um objeto ou uma foto, algo que lembre uma pessoa que amam, mas que não está mais perto deles. Destacar que escolham algo que ao tocar ou olhar os façam sentir uma saudade enorme dessa pessoa.

5 | Jesus ressuscitado caminha conosco!

Não nos ardia o coração ao ouvir o que Ele nos dizia pelo caminho? (Lc 24,32)

Objetivos do encontro

- Compreender que Jesus ressuscitado caminha conosco e é reconhecido, sobretudo, quando há partilha, solidariedade e comunhão.

- Perceber que somos chamados a caminhar na estrada de Jesus e a reconhecer que Ele é o Senhor ressuscitado que está ao nosso lado.

> Os discípulos reconheceram Jesus ao partir o pão, gesto tantas vezes repetido e realizado de maneira especial na última ceia. Jesus é reconhecido, é percebido quando há partilha, solidariedade, comunhão de uns aos outros.

Material necessário

- Providenciar o refrão da música *Fica conosco, Senhor* (Pe. João Carlos Ribeiro), do CD *Quem me tocou*. A música pode ser pesquisada na internet. Se possível providenciar para que todos tenham acesso à letra para cantar (cartaz, datashow, impressão...).

- Conforme a realidade de cada grupo, o catequista deve avaliar se serão necessários dois encontros para aprofundar este tema.

Preparação do ambiente

- No centro do local do encontro colocar uma toalha e, sobre ela, flores, Bíblia aberta, vela acesa e crucifixo.

- Organizar as cadeiras em torno da toalha e em círculo.

PASSOS DO ENCONTRO

➡ OLHAR A NOSSA VIDA

Quando amamos alguém e essa pessoa não está mais perto de nós, sentimos uma enorme saudade. E tudo o que lembra essa pessoa, seja um objeto que ela nos deu, uma foto, fazem o coração e a memória lembrar do amor que sentimos. Convido cada um a colocar sobre a toalha o objeto ou foto que trouxe e que lembra alguém que ama e não está mais perto de você.

(O catequista começa mostrando o objeto que trouxe, dizendo de quem ele o faz lembrar. Dar tempo para cada catequizando fazer o mesmo.)

Alguém já leu o livro ou viu o filme *O Pequeno Príncipe*? No livro, que é de um escritor francês chamado Antoine Saint-Exupéry, há uma passagem em que o Pequeno Príncipe conhece uma raposa e eles ficam amigos. E ela diz a ele que se cativá-la e amá-la, a vida dela vai ser cheia de sol. Como raposa, ela caça galinha e os homens são todos iguais para ela. Mas, se o Pequeno Príncipe cativá-la, ela conhecerá o barulho dos seus passos... Ela não come trigo, os campos de trigo não a fazem lembrar de coisa alguma. Mas o Pequeno Príncipe tem cabelos cor de ouro e os campos de trigo a farão lembrar da cor do cabelo do seu amigo. E o Principezinho cativou a raposa. Quando chegou a hora de ir embora tempos depois e ele foi se despedir, a raposa disse a ele o seu segredo: "Só se enxerga bem com o coração. O essencial é invisível para os olhos" (2015, p. 72).

A partir do momento em que cativamos uma pessoa e criamos laços, ela começa a pertencer ao nosso mundo, tornando-se única. Quanto mais convivemos com ela mais difícil é ficar longe, isso porque nós a amamos. Quanto mais amamos essa pessoa, tudo nos fará lembrá-la: às vezes o perfume que usava, um cartão que nos deu, um brinquedo, ou mesmo o gosto da comida que ela fazia para nós ou um gesto que essa pessoa sempre fazia. De fato, a raposa do livro *O Pequeno*

Príncipe tem razão, "só se enxerga bem com o coração". É o amor que nos faz ver aquilo que é essencial, o que é realmente importante para a vida da gente.

➡ ILUMINAR A NOSSA VIDA

Os discípulos perderam a esperança e o entusiasmo que tinham durante o tempo que conviveram com Jesus. Vamos contemplar uma das passagens do Evangelho que também narra o que houve com Jesus e os discípulos após a morte dele.

📖 Com a Bíblia na mão, narrar o Evangelho – Lc 24,13-31, como descrito na sequência.

Dois discípulos voltavam para o povoado de Emaús, desanimados e tristes em busca de um refúgio para sua tristeza e decepção. O Mestre Jesus havia morrido. E eles se perguntavam: e agora? Tudo acabado?

Um homem desconhecido aproximou-se e começou a caminhar com eles. Vendo a sua tristeza, perguntou o que havia acontecido. Eles ficaram surpresos, pois pensavam que não havia ninguém que não soubesse da morte de Jesus. Contaram ao desconhecido o que se passou com Jesus, relatando inclusive que algumas mulheres tinham ido ao sepulcro (túmulo) de madrugada e, não achando o seu corpo, disseram que apareceram uns anjos, os quais afirmavam que Ele vivia. Contaram também que alguns discípulos foram ao sepulcro, encontraram tudo como as mulheres disseram, mas ninguém o viu.

Então, aquele peregrino começou a falar e disse que eles não estão "vendo" o que de fato significou tudo e passa a explicar as Escrituras aos dois companheiros de Emaús, fazendo seus corações se animarem pouco a pouco. Quem seria este homem misterioso que mexia com seus corações?

Quando entraram no povoado, o desconhecido fez que iria para outro caminho e, então, o convidaram para passar a noite na casa deles dizendo: "Já é tarde, fica conosco, a noite vem chegando". E é quando foram cear que ocorre uma surpresa. Aquele homem abençoou e partiu o pão, como Jesus havia feito na última ceia com eles. Imediatamente os discípulos O reconheceram. Aquele homem era Jesus, mas Ele logo desapareceu da vista deles.

Com a Bíblia na mão, dizer aos catequizandos que o Evangelho de Lucas conta o final desta história e ler Lc 24,32-35.

Como os discípulos reconheceram Jesus? O que fizeram em seguida? (Ouvir as respostas.) Os discípulos reconheceram Jesus ao partir o pão, gesto tantas vezes repetido e realizado de maneira especial na última ceia. Jesus é reconhecido, é percebido quando há partilha, solidariedade, comunhão de uns aos outros.

Ao abençoar e partir o pão, os olhos dos discípulos se abrem e eles O reconhecem. Mas Ele desaparece de vista. Para onde Ele foi? Foi para "dentro" deles, que vão assumir a missão que Jesus deixou. Os discípulos voltaram correndo para Jerusalém, não mais tristes, não importa mais "ver" Jesus, porque perceberam que Jesus passou a morar, de uma vez por todas, no coração de cada um e ninguém poderá arrancá-lo de dentro deles. A memória que Jesus deixou e que está dentro deles é suficiente para seguir em frente.

Os discípulos voltam diferentes para Jerusalém, com coragem vão testemunhar: Jesus ressuscitado caminha conosco! Ele está no meio de nós! Antes, tinham medo da Cruz e temor de acontecer o mesmo com eles; agora, sentem coragem e voltam para anunciar a grande notícia: Jesus ressuscitou! Jesus venceu a morte, a dor, o sofrimento. Ele vive!

O Senhor ressuscitado manifestou-se aos discípulos de diversas formas. Eles perceberam que Jesus continuava ao lado deles, embora de outra forma: de maneira invisível aos olhos do corpo, mas visível aos olhos da fé, do coração. Os discípulos narraram essas experiências de maneiras diversas, comparando essa nova presença de Jesus com a presença dos dias da sua vida terrena. Mas eles sabiam que, agora, sua presença era diferente e que Ele está sempre presente na sua comunidade, a Igreja, e se manifesta aos cristãos de todos os tempos. Deus caminha conosco sempre, até nos períodos mais difíceis, nos momentos mais dolorosos.

Podemos dizer que como os dois discípulos que iam para o povoado de Emaús, também nós estamos percorrendo um caminho na catequese, o caminho de Jesus. E é o que faremos toda a vida: caminhar na estrada de Jesus. Que a Palavra de Deus abra nossos olhos e nos ajude a reconhecer que Jesus é o Filho de Deus, que Ele é o Senhor ressuscitado que caminha ao nosso lado. Que possamos reconhecê-lo também na celebração da Eucaristia.

➡ NOSSO COMPROMISSO

Ao longo do caminho da catequese vocês sentiram alguma vez que o próprio Jesus falava no seu coração? Quando vocês sentiram que algum fato ou alguma palavra de Jesus, trouxe paz, alegria, desejo de ser melhor, era o próprio Jesus te animando e te iluminando.

Assim como Jesus ressuscitado se aproximou dos dois discípulos no caminho de Emaús, escutou-os e conversou com eles, também os discípulos de Jesus devem se aproximar dos que estão tristes e sem esperança. Procure descobrir se há alguém precisando de um telefonema, de uma mensagem de alegria que só você pode dar. Pode ser alguém que está sozinho, doente ou que é idoso e precisa de atenção. Descubra uma maneira de ser mensageiro de esperança e trazer alegria na vida de uma pessoa.

➡ CELEBRAR O NOSSO ENCONTRO

Ao redor da Bíblia e dos objetos que trouxemos e lembram de pessoas que amamos, cantemos o refrão da música: "Fica conosco, Senhor" (Pe. João Carlos Ribeiro).

Coloquemos no coração de Deus nossas preces.

1. *Assim como os discípulos de Emaús, também estamos caminhando. Fica conosco, Senhor, quando estivermos tristes e com saudades das pessoas que amamos.*

   (Em silêncio vamos lembrar os nomes das pessoas que amamos e já não estão mais perto de nós.)

2. *Aquece nosso coração, Senhor, para que sintamos tua presença em nossa vida.*

3. *Abre nossos olhos, Senhor, para te reconhecer naqueles que mais sofrem.*

4. *Abre nossos ouvidos, Senhor, para ouvir tua Palavra e sempre te seguir.*

5. *Ensina-nos a partilhar o pão e a vida em nossa caminhada. Permanece conosco, Senhor!*

6. *Fica conosco, Senhor, Tu que és o caminho, a verdade e a vida.*

Cantar novamente o refrão da Música: Fica conosco, Senhor.

Vamos prestar atenção na presença de Jesus na nossa vida? Se o amamos de verdade, vamos viver atentos aos sinais da sua presença no nosso dia a dia e também ouvir o que Ele nos diz. Rezemos juntos o Pai-nosso.

➡ NO LIVRO DO CATEQUIZANDO

Orientar as atividades propostas no livro explorando as respostas.

➡ NA NOSSA FAMÍLIA

Perguntar se sua família se sente chamada a caminhar na estrada de Jesus.

Celebração da Páscoa

6 | Ressurreição: alegria que transforma nossa vida!

Meu Senhor e meu Deus! (cf. Jo 20,28)

Objetivo da celebração

- ⚙ Celebrar a Páscoa do Senhor.
- ⚙ Fazer memória da Ressurreição de Jesus.
- ⚙ Identificar que Jesus venceu a morte e permanece presente no meio de nós.

Material necessário

- ⚙ Providenciar uma vela grande.
- ⚙ Definir o canto de aclamação.
- ⚙ Escolher os catequizandos que irão participar da leitura dialogada do Evangelho.
- ⚙ Providenciar a música Tomé (CD *A Sementinha* 1 e 2 – Paulinas COMEP). Pode ser pesquisada na internet. Se possível providenciar que todos tenham acesso à letra para cantar (cartaz, datashow, impressão...)

Preparação do ambiente

- ↳ Preparar uma mesa coberta com uma toalha bonita. Colocar sobre ela flores e uma cruz.
- ↳ Deixar lugar de destaque onde será colocada a Bíblia aberta e a vela.
- ↳ Organizar as cadeiras em torno da mesa.

↳ Definir quem será o catequizando que, durante o canto de aclamação ao Evangelho, entrará com a Bíblia aberta e a colocará em um lugar de destaque na mesa preparada. Também quem entrará com a vela acesa e a colocará ao lado da Bíblia.

PASSOS DA CELEBRAÇÃO

1. Acolhida

Catequista: Em nome do Pai e do Filho e do Espírito Santo.

Todos: Amém!

Catequista: Estamos aqui, hoje, para celebrar a ressurreição de Jesus, a Páscoa do Senhor! É um momento de muita alegria, pois cremos que Jesus está vivo, no meio de nós. Vamos recordar, agora, um dos momentos em que Jesus aparece aos discípulos, demonstrando a eles que venceu a morte e permanece no meio deles, de um modo diferente, mas, com certeza, vivo e vencedor.

Todos: Bendito seja Deus que nos reuniu no amor de Cristo.

2. Proclamação da Palavra

Catequista: Ouçamos mais uma passagem do Evangelho que narra uma aparição de Jesus aos discípulos, depois de sua Ressurreição. Tomé não acreditou no que os outros discípulos contaram a ele e duvidou que Jesus estava vivo.

Aclamação a Palavra (canto a escolha): Um catequizando entra com a Bíblia aberta e a coloca no lugar previamente definido.

📖 Com a Bíblia na mão narrar o Evangelho de Jo 20,19-29

(O texto será proclamado de maneira dialogada, conforme consta a seguir.)

Narrador: Estamos aqui reunidos como os discípulos estavam após a morte de Jesus. Ele já havia estado com eles em outra ocasião. Os discípulos ficaram muito felizes e contaram a Tomé, que não estava com eles naquele momento.

Todos: "Vimos o Senhor"! (Jo 20,25a)

Narrador: Tomé não acreditou.

Tomé: "Se eu não vir a marca dos pregos em suas mãos, se eu não puser o dedo nas marcas dos pregos, se eu não puser a mão no seu lado, não acreditarei" (Jo 20,25b).

Narrador: Oito dias depois, os discípulos encontravam-se reunidos na casa, e Tomé estava com eles. Estando as portas fechadas, Jesus entrou, pôs-se no meio deles e disse: (Jo 20,26).

Jesus: "A paz esteja convosco" (Jo 20,26).

Narrador: Depois disse a Tomé:

Jesus: "Põe o teu dedo aqui e olha as minhas mãos. Estende a tua mão e coloca-a no meu lado e não sejas incrédulo, mas crê!" (Jo 20,27).

Narrador: Tomé respondeu:

Tomé: "Meu Senhor e meu Deus!" (Jo 20,28).

Narrador: "Bem-aventurados os que não viram, e creram" (Jo 20,29).

(Entrada da vela acesa que será colocada ao lado da Bíblia em lugar de destaque.)

3. Reflexão

Catequista: Tomé não acreditou nos companheiros quando disseram: "Vimos o Senhor"! Ele mesmo queria ver, sentir a presença de Jesus, experimentar a alegria de vê-lo pessoalmente.

Todos: Meu Senhor e meu Deus!

Catequista: Tomé não precisou tocar Jesus, como dissera antes, mas, sentindo a presença do Mestre, reconheceu-o imediatamente. E responde com a profissão de fé mais maravilhosa de todo o Novo Testamento:

Todos: Meu Senhor e meu Deus!

Catequista: Para sentir a presença de Jesus, é preciso encontrá-lo no contato diário com as pessoas. É por meio de convivência pacífica e bondosa que dedicamos uns aos outros, que podemos perceber Jesus vivo no nosso meio e dizer como Tomé:

Todos: Meu Senhor e meu Deus!

Música: "Tomé" (CD A *Sementinha 1 e 2* – Paulinas COMEP).

(Após cantar a música, pedir que cada catequizando coloque a mão direita sobre a Bíblia aberta e repita: Sou muito mais feliz do que Tomé, eu nada vi e é grande a minha fé.)

4. Rezemos juntos

Meninos: Fazei, Senhor, que a nossa alegria pela tua ressurreição nos torne capazes de contagiar as pessoas com as quais convivemos, nós te pedimos...

Todos: Fica conosco, Senhor!

Meninas: Permanece conosco, Senhor, para que a cada dia nos tornemos mais parecidos contigo. Nós te pedimos...

Todos: Fica conosco, Senhor!

Catequista: Jesus querido, temos motivos de muitas alegrias em nossa vida:

- o teu amor por nós, que percebemos em todos os momentos;
- a tua presença, que nos fortalece nos momentos de dificuldades e sofrimento;
- a tua Palavra que nos dá confiança e esperança.

Fica conosco, Senhor!

Todos: Amém!

5. Bênção final

Catequista: Abençoe-nos ó Deus, cheio de amor e compaixão: o Pai e o Filho e o Espírito Santo. Amém!

Caminhamos na estrada de Jesus

7 | Somos Igreja, comunidade de amigos de Jesus

Não vos conformeis com este mundo... (cf. Rm 12,2a)

Objetivos do encontro

- Entender que somos Igreja, comunidade de amigos e seguidores de Jesus.

- Compreender que a nossa missão como Igreja é agir para que o mundo seja melhor, mais parecido com o desejo de Jesus.

> Neste encontro o catequizando irá compreender que somos Igreja, comunidade que deseja e age para que o mundo seja melhor. Vivendo como irmãos, em comunidade, somos mais fortes e podemos remover os obstáculos ao amor.

Material necessário

- Imagem bonita do Cristo ressuscitado.
- Imagens de pessoas reunidas, rezando na igreja, participando de manifestações públicas religiosas, participando de procissões.
- Providenciar:
- A exibição do vídeo "O menino e a árvore" (legendado). O vídeo possui vários nomes na internet, mas também pode ser encontrado neste link: https://www.youtube.com/watch?v=ghq_2D78zol. Acesso em 22 jun 2022.
- Fichas com as palavras: igreja (com letra minúscula) e Igreja (com letra maiúscula).

Preparação do ambiente

- Mesa organizada com: toalha, vela acesa, flores e Bíblia aberta.
- Arrumar as cadeiras em semicírculo.

PASSOS DO ENCONTRO

➡ OLHAR A NOSSA VIDA

Convidar para assistir o vídeo chamado "O menino e a árvore". Se não for possível, narrar a história do vídeo como proposto na sequência.

> Um grande tronco de árvore caiu no meio de uma rua movimentada. O trânsito para e tudo vira um caos. Um menino, não se sabe se estava indo ou voltando da escola, vê o tronco da árvore e resolve tirá-lo do caminho. Os adultos olham espantados um menino empurrando o tronco da árvore. Depois outros meninos o ajudam. E só depois, vários homens adultos, um tanto envergonhados, se juntam aos meninos, debaixo de chuva, para tirar o obstáculo do caminho. E conseguem.

O que mais chamou sua atenção nesta história?

(Deixar tempo para que dois a dois possam comentar e depois partilhar com todos.)

Comentar: É muito bonito o olhar de coragem, simplicidade, certeza de conseguir da criança diante do obstáculo a ser eliminado. As cenas do vídeo também mostram a força do trabalho em conjunto, capaz de remover grandes obstáculos. Isso nos inspira.

➡ ILUMINAR A NOSSA VIDA

Nós cristãos, amigos e seguidores de Jesus, podemos mostrar ao mundo que podemos ser e fazer diferente. Somos Igreja, comunidade de irmãos que acreditam em um mundo novo. Vejamos o que um grande discípulo de Jesus, chamado São Paulo, disse:

📖 Com a Bíblia na mão proclamar a Carta de São Paulo aos Romanos (Rm 12,2).

Questionar: O que vocês entendem dessas palavras de São Paulo? (Ouvir.)

Como seguidores de Jesus não podemos nos conformar com o que existe no mundo, que está cheio de ódio, violência, guerras, fome e tantas outras situações contrárias ao desejo de Deus. Como amigos e seguidores de Jesus, precisamos nos transformar, mudando nossa maneira de pensar e agir para inspirarmos outras pessoas a fazerem diferente e assim descobrirmos juntos a vontade de Deus para nós: o que é bom e nos fará feliz, o que lhe agrada, o que é perfeito.

Como Igreja agimos no mundo fazendo o nosso melhor, vivendo como irmãos que se amam, como Jesus pediu. Como Igreja, juntos, somos mais fortes e podemos remover os obstáculos ao amor; ou seja, podemos cuidar de quem precisa de ajuda e está abandonado; podemos ajudar quem passa fome; podemos socorrer os doentes... O que mais? Como será o nosso agir, então, como Igreja de Jesus? (Ouvir.) Ser sempre amigo da verdade; ser amável e sincero com todos; ser leal e amigo verdadeiro; ajudar e não julgar.

Nossa comunidade paroquial, por meio de pastorais, já faz a diferença contribuindo para modificar o mundo para melhor.

(O catequista poderá apresentar outros sinais do nosso agir como Igreja, indicando quais pastorais ou trabalhos sociais a comunidade possui para servir às pessoas.)

Toda vez que fazemos uma criança sorrir, um jovem aprender uma profissão, uma pessoa doente sentir o carinho da comunidade, a vida supera a morte, a bondade vence a maldade. Isso é Ressurreição. Assim ressuscitados com Cristo, somos Igreja, comunidade que deseja e age para que o mundo seja melhor.

Temos mais uma coisa a aprender. Vocês sabem a diferença entre estas duas palavras e o que significam?

(Mostrar a ficha com as palavras: igreja e Igreja) (Ouvir.)

A palavra IGREJA tem dois significados. Quando eu estou falando da igreja = templo, casa, onde os cristãos se reúnem para rezar e celebrar, escrevo com letra minúscula. Se estou falando de Igreja = povo de Deus, escrevo com letra maiúscula.

➡ NOSSO COMPROMISSO

Escolher três atitudes, para você realizar esta semana, que mostre para todos, que você é Igreja, caminhando na estrada de Jesus. Escreva, no seu livro, este compromisso.

➡ CELEBRAR O NOSSO ENCONTRO

Sabendo que somos Igreja, vamos pedir a Jesus que transforme o nosso agir e pensar para honrar o seu nome com nossa vida.

(A oração está no livro do catequizando.)

Senhor Jesus,

Queremos ser Igreja, irmãos e irmãs caminhando juntos, uns amparando os outros, na certeza que Tu estás vivo e ressuscitado junto de nós. Por isso, apresentamos alguns pedidos:

1. *FORTALECEI a nossa fé, para que possamos viver de acordo com a vontade do Pai, te pedimos...*

Todos: *Que teu amor seja força e alimento na caminhada.*

2. *FAZEI com que não nos afastemos do propósito de estar sempre do lado da verdade, sendo sempre sinceros no nosso falar e agir, te pedimos...*

Todos: *Que tua luz ilumine o nosso caminho.*

3. *ENCORAJAI-NOS diante das dificuldades, sofrimentos e decepções, que sempre vão aparecer em nossa vida, te pedimos...*

Todos: *Que tua presença seja o nosso escudo e proteção!*

4. *ZELAI por nós quando a tristeza, o desânimo e a incerteza dificultarem a caminhada, te pedimos...*

Todos: *Curai o nosso coração, derramando sobre nós a tua Graça!*

➡ NO LIVRO DO CATEQUIZANDO

↳ Orientar as atividades do livro do catequizando.

➡ NA NOSSA FAMÍLIA

↳ Contar em casa o que aprendeu sobre ser Igreja.

↳ Mostrar e comentar a história do vídeo "O menino e a árvore" com os seus pais.

8 — Ser Igreja: semear a Esperança!

Transbordar em vós a esperança. (cf. Rm 15,13)

Objetivos do encontro

- Compreender que como cristãos somos chamados a transbordar a esperança, nunca desanimar e acreditar que a vida é muito mais.

- Reconhecer que, como Igreja, somos semeadores da esperança.

> O catequizando, ao final do encontro, precisa estar convicto de que é chamado a ser um semeador de esperança, que é uma chama teimosa que nos faz acreditar no melhor.

Material necessário

- Fichas grandes com as letras da palavra ESPERANÇA (Uma ficha para cada letra).

- Providenciar:

  - A música *Amanhã* de Guilherme Arantes. Pode ser pesquisada na internet. Se possível providenciar que todos tenham acesso à letra para cantar (cartaz, datashow, impressão...).

  - Imagens de: terra seca, galhos secos e imagens do verde cobrindo tudo, de brotos nos galhos. Ou também imagens de flores que brotam do asfalto, do meio de pedras, de lugares inesperados.

Preparação do ambiente

- Uma mesa coberta com uma toalha bonita e, sobre ela, vela acesa, Bíblia aberta, flores naturais e a cruz.

- As cadeiras em semicírculo à frente da mesa.

PASSOS DO ENCONTRO

➡ OLHAR A NOSSA VIDA

Distribuir as fichas com as letras consoantes da palavra ESPERANÇA e pedir que os catequizandos tentem descobrir qual palavra é possível formar com elas. Se eles descobrirem, entregar as vogais da palavra que deverá ser colocada completa no chão. Se não conseguirem, dar uma dica: é um sentimento que não nos deixa desanimar. Se ainda assim não conseguirem, entregar as duas vogais "E". Se mesmo assim não conseguirem, entregar as outras duas vogais. Ao final da dinâmica, a palavra deverá estar formada no chão à vista de todos.

Convidar a ouvir, prestar atenção na letra e depois cantar juntos a música "Amanhã" – Guilherme Arantes – que fala sobre esperança.

Depois de ouvir essa música, o que se entende por Esperança? (Ouvir.) Esperança é acreditar que o amanhã será pleno, ou seja, será feliz. Amanhã o sol brilhará, o dia será melhor, mesmo que uns não queiram. E assim a letra da música vai nos ajudando a acreditar, a reconhecer a importância de ter esperança.

➡ ILUMINAR A NOSSA VIDA

"Enquanto houver vida, haverá esperança", diz um ditado popular; e é verdade também o contrário: enquanto houver esperança, há vida. O ser humano necessita de esperança para viver. Essa é também uma característica forte dos amigos de Jesus: esperam sempre, apesar dos pesares. Na vida as pessoas passam por momentos de dúvidas, fracassos, tristezas, dificuldades, crises sociais e econômicas... Mesmo a maior desolação não mata a esperança e ela nos move a buscar saídas.

A esperança é algo constitutivo, ou seja, faz parte do ser humano. A vida é sempre a busca de algo melhor. A esperança nos move a viver, é uma chama teimosa que nos faz acreditar no melhor.

📖 Com a Bíblia na mão ler a Carta de São Paulo aos Romanos (Rm 15,13).

Os cristãos são chamados a "transbordar de esperança". O que significa isso? (Ouvir.) Transbordar de esperança significa nunca desanimar, nunca desistir; significa esperar até quando falta qualquer motivo humano para esperar.

A ressurreição de Jesus transforma-nos com a força do seu Espírito. Jesus está vivo, está vivo entre nós, está conosco através do seu Espírito. Ele venceu a dor, o sofrimento e a morte. Anunciar que Jesus está vivo nos faz testemunhas da esperança, pessoas que propagam esperança com o seu modo de acolher, de sorrir, de amar. Principalmente amar: porque a força da ressurreição torna os cristãos capazes de amar mesmo quando parece que o amor não vale a pena.

É missão dos cristãos, neste mundo, ser sinal de esperança, em que tudo parece perdido. O cristão não é alguém zangado, que vive a lamentar-se, mas é convicto, pela força da ressurreição, de que mal algum é infinito; não há dor alguma que é sem fim; ódio algum vence o amor. O cristão sonha com uma vida melhor. A esperança nos move a construir aquilo que sonhamos, que acreditamos. Somos teimosos, porque temos esperança, sede do novo que virá. Chamados nos momentos mais difíceis a expressarmos nossa fé de que o futuro será melhor.

Somos Igreja de Jesus. Assim, qual é a nossa missão? (Ouvir.) Somos convidados, por Jesus, para semear a esperança, ser sinal de esperança na vida das pessoas. A Igreja semeia a esperança quando acolhe, escuta, cuida das pessoas. Também quando ajuda as pessoas a sonharem uma vida melhor, como Deus quer.

Semeamos a esperança quando ajudamos o que erra a se levantar, a não ficar preso nos seus erros, a seguir em frente. Semeamos a esperança quando ajudamos os que estão amargurados a crerem firmemente que há pessoas que trabalham pelo bem, que semeiam um mundo novo. É preciso lembrar que Deus é nosso amigo. Por isso, é bom viver, amar, sonhar, acreditar. E com a graça de Deus nunca se desesperar, acreditar sempre.

➡ NOSSO COMPROMISSO

O nosso compromisso desta semana será levar esperança a alguém que está sofrendo porque está doente ou perdeu uma pessoa querida. Para isso pode-se optar por:

a. Fazer uma visita e, se tem dificuldade para falar, apenas pergunte como a pessoa está e escute-a com carinho. Leve uma flor e um cartão. Peça a um adulto de sua família que acompanhe você.

b. Se não puder visitar, telefone, envie um cartão. Faça um carinho em uma pessoa que está triste na sua família.

➡ CELEBRAR O NOSSO ENCONTRO

Em pé, ao redor da Palavra de Deus, vamos fazer nossa oração final.

Muitas vezes em nossa vida tudo parece sem vida, seco, sem sabor. São as dificuldades, os sofrimentos, as tristezas que nos fazem perder a esperança, parece que ficamos sem saída.

(Colocar a imagem da terra seca, do galho seco).

Mas a vida sempre vence, sempre se supera, dribla os obstáculos. A fé nos faz acreditar, ter esperança, que nos move a não desistir, a buscar e esperar dias melhores.

(Colocar a imagem de galhos com brotos, terra com verde e florida, ou imagens de flores que brotam no asfalto, do meio de pedras e lugares inesperados).

Com a vela acesa na mão convidar os catequizandos a rezar juntos. (A oração está no livro do catequizando.)

Querido Jesus,

Cheios de esperança viemos pedir que permaneças presente no nosso grupo de catequese. Que conservemos as mãos unidas, crescendo na amizade, na alegria, na confiança uns dos outros.

Querido Jesus, queremos ser mensageiros da esperança, semear o perfume da esperança, sobretudo para os que mais sofrem.

Queremos ajudar as pessoas a acreditarem que a vida é muito mais, que o melhor irá surgir.

E nisso cremos porque és nosso amigo.

É muito bom viver, amar, sonhar, acreditar, ter esperança.

Conte conosco como seus amigos para "transbordar de esperança" no meio do mundo.

Amém!

A música "Amanhã" poderá ser novamente cantada.

➡ NO LIVRO DO CATEQUIZANDO

As atividades de 1 a 5 podem ser realizadas em pequenos grupos. Depois realizar a partilha. Ajudar a conhecer mais alguma atividade pastoral da paróquia que ajuda as pessoas e lhes devolve a esperança.

➡ NA NOSSA FAMÍLIA

Perguntar aos seus familiares qual é a grande esperança da vida deles com relação a você.

Comentar com seus familiares porque os cristãos são chamados a semear esperança. Conversar na família e motivar a refletir se semeiam mais a esperança ou o desânimo. Escolher juntos atitudes que precisam ser realizadas para praticar mais a esperança.

Convidar alguém da família para acompanhá-lo na visita que irá fazer.

9 Sacramentos: a vida é cheia de graça!

Fortalece-te na graça que há em Cristo Jesus. (2Tm 2,1)

Objetivos do encontro

- 🔆 Compreender o que é um sacramento.

- 🔆 Perceber que Jesus é o Sacramento de Deus e a Igreja é o Sacramento de Cristo.

- 🔆 Identificar o sentido dos sete sacramentos, ações de Jesus na nossa vida.

> Neste encontro, o catequizando irá descobrir o que é um sacramento. Também irá compreender o sentido dos sete sacramentos da fé, que são ações de Jesus nos momentos principais da nossa vida, para nos lembrar que a vida está cheia da graça de Deus.

Material necessário

- ↳ Providenciar os símbolos dos sete sacramentos: vasilha com água (Batismo); óleo (Crisma e Unção dos enfermos); pão e vinho (Eucaristia); estola, se possível, ou imagem de estola (Ordem); alianças (Matrimônio).

- ↳ Providenciar faixas de papel com os nomes dos sete sacramentos.

Preparação do ambiente

- ↳ Preparar uma mesa coberta com uma toalha bonita, que destaque os objetos que serão colocados sobre ela (os símbolos dos sacramentos), vela acesa, cruz e flores.

- ↳ Cadeiras dispostas ao redor da mesa.

PASSOS DO ENCONTRO

➡ OLHAR A NOSSA VIDA

Contar a história para os catequizandos.

A menina que enxergava o que os outros não viam

Lucimara Trevizan

Thaís era uma menina que cresceu com os olhos que enxergavam coisas que os outros não viam. Ela desconfiava que era porque amava muito. O que Thaís amava? Ela amava a casa da avó Carolina. Lá adorava brincar com o gato Paçoca que, mesmo desconfiado, gostava do carinho dela. Thaís amava o cheiro da manhã com o perfume do café que a avó fazia. Amava também a comida da avó. Ah! Adorava a montanha que havia acima da casa da vó Carolina, sem falar no gigante pé de manga ao lado da casa. Claro que Thaís amava os pais, os amigos, mas as mais doces lembranças eram da casa de sua avó.

Quando cresceu e ficou adulta continuou a enxergar coisas que os outros não viam. Na casa da avó não havia mais avó, nem avô, nem Paçoca, o gato não estava mais por lá; mas era uma casa cheia de lembranças. A caneca que a avó mais gostava de tomar água, o fogão à lenha onde ela cozinhava, o cheiro do pé de manga madura, o barulho do vento, a montanha... tudo ali eram mais do que coisas, tudo a fazia recordar das pessoas que amava e não mais estavam ali. E a saudade era imensa, do mesmo tamanho do amor que sentia.

Seus pais e seus amigos diziam que ela era exagerada. Mas Thaís aprendeu que o mundo é cheio de mistérios e há coisas que são mais do que coisas, pois elas despertam saudades e fazem brotar a memória do amor e o desejo do reencontro.

Thaís tinha razão. Há coisas que são mais do que coisas. Quando as coisas deixam de ser coisas e despertam em nós saudades, são sinais que lembram e comunicam uma história. Para nós os objetos da casa da avó da Thaís não têm importância, mas para ela que amou aquela casa e seus avós esses objetos "falam" de amor e saudade.

➡ ILUMINAR A NOSSA VIDA

Sacramento é isto: são sinais que nos lembram e comunicam uma história, um afeto por alguém, uma época bonita da vida. Na nossa vida podem existir vários sacramentos: um brinquedo velho que uma pessoa querida nos deu, uma vela bonita que sua mãe ganhou de alguém querido, uma comida com gosto de saudade da avó que cozinhava daquele jeito, um perfume que te lembra de alguém querido que está longe... Quem olha e não conhece a história das coisas não entende, mas para quem ama essas coisas revelam muito mais. São sacramentos. Tudo à nossa volta pode ser sacramento, depende do nosso olhar. O mundo com suas belezas nos lembra do criador, então o planeta e toda a criação são sacramentos de Deus. Por isso, queremos preservá-lo.

Podemos afirmar também que Jesus é o Sacramento de Deus. Com sua vida, seus gestos de bondade, sua morte e ressurreição, vemos que Ele é o Sacramento de Deus. E a Igreja, comunidade dos cristãos, dos amigos e dos companheiros de Jesus, também é chamada de Sacramento de Cristo. No meio dela, como dom precioso, está o Cristo, que é Sacramento de Deus. Então tudo na Igreja recorda Cristo, é dele o sacramento: a celebração litúrgica, os objetos sagrados, o trabalho da comunidade que ajuda a quem sofre.

A Igreja que é Sacramento de Cristo estende sua ação sobre toda a nossa vida. Mas, de maneiras diferentes. Nos momentos principais da nossa vida se concretizam os sacramentos da fé para nos lembrar que a vida está cheia da graça de Deus. A Igreja evidencia a presença de Deus que nos acompanha com sua graça, no nascimento, na doença, no matrimônio... Esses momentos importantes são marcados pelos sacramentos da fé para nos lembrar que a graça de Deus nos acompanha sempre. Esses sacramentos nos acompanham por toda a nossa vida. Eles são sinais da presença viva de Jesus em nosso meio, uma força especial que Ele nos oferece para vencer o mal, as dificuldades nestes momentos importantes da vida.

📖 Com a Bíblia na mão proclamar 2Tm 2,1.

São Paulo aconselha o seu discípulo Timóteo em uma das cartas que escreve a ele. O que São Paulo quer dizer para nós, hoje, com esse conselho que dá a Timóteo? (Ouvir.) Ele quer nos ensinar que Jesus nos fortalece com a sua Graça. Os sacramentos são ações de Jesus em nossa vida, são sinais de sua Graça em nossa vida. Mas, é claro que o Sacramento também supõe um olhar diferente, o olhar da fé.

Vamos ver que momentos são esses e o que eles provocam em nós. (Ver e acompanhar no quadro do livro do catequizando.)

OS SACRAMENTOS E AS FASES DA VIDA HUMANA	
FASES DA VIDA	**OS SACRAMENTOS NOS MOMENTOS IMPORTANTES DA VIDA**
1 – Nascemos para o mundo. Dependemos de outros para crescer.	1 – Batismo – Desdobra esta dependência como dependência de Deus, nos faz irmãos de Jesus, membros da sua Igreja.
2 – Crescemos e fazemos escolhas.	2 – Crisma – Tornamo-nos adultos na fé, testemunhas do Cristo no meio do mundo.
3 – Nós nos alimentamos para ter saúde e ficarmos fortes. Alimentamos nossa vida física.	3 – Eucaristia – Alimenta-nos e nos fortalece. Alimentamos nossa vida espiritual.
4 – Brigamos e ofendemos as pessoas e nos afastamos delas. Pedimos perdão e fazemos as pazes.	4 – Penitência ou confissão – Rompemos com o amor e nos afastamos de Deus e dos irmãos. Pedimos perdão a Ele e voltamos para junto d'Ele. Ao longo da vida somos perdoados pela Confissão.
5 – Ficamos doentes. Precisamos de remédio para recuperar a saúde.	5 – Unção dos enfermos – Precisamos de força para vencer a doença. Jesus nos conforta e nos cura.
6 – O homem assume serviços na comunidade. Decide viver uma vocação, um serviço.	6 – Ordem – O homem assume um serviço na Igreja – torna-se sacerdote dela. Deus nos chama para servir a sua Igreja, através das pessoas.
7 – Formamos uma família	7 – Matrimônio – Formamos uma família com a bênção de Deus.

Todos os sete sacramentos vêm de Jesus e conduzem a Ele. A pessoa que recebe os sacramentos, porém, deve ter fé. Só assim é possível compreender o significado desses sinais e possuir a força (= graça) de Deus. Quando o cristão recebe um dos sacramentos com fé ele recebe o próprio Deus que age em cada um de nós pelos sacramentos!

➡ **NOSSO COMPROMISSO**

Nesta semana, de forma muito especial, olhe para a natureza e lembre--se de que ela é Sacramento de Deus. Por isso, precisamos cuidar dela.

Também vamos guardar na memória e no coração, os nomes dos sacramentos da fé, os sete sacramentos que são ações de Jesus ao longo da vida humana.

➡ **CELEBRAR O NOSSO ENCONTRO**

Convidar os catequizandos para rezarem juntos.

(A oração está no livro do catequizando.)

Catequista: *Jesus querido, queremos te falar da nossa alegria, diante de tua presença no meio da gente. Nascemos e, logo, logo, a nossa família nos carrega no colo para nos levar ao nosso primeiro encontro contigo: o nosso BATISMO.*

(Mostrar e levantar a vasilha com água.) Com ele nos tornamos Igreja.

Todos: *Fica sempre conosco, Jesus!*

Leitor 1: *Jesus querido, crescemos, nos tornamos jovens. Mais um sacramento, a CRISMA: confirmamos nosso Batismo, optamos por ser sua testemunha no meio do mundo.*

(Mostrar e levantar a vasilha com óleo.)

Todos: *Seja a nossa força na caminhada, Jesus!*

Leitor 2: *Jesus querido, precisamos de alimento para fortalecer a nossa vida espiritual: Tu te tornas nosso alimento, a EUCARISTIA.*

(Mostrar e levantar o pão e vinho.)

Todos: *Dá-nos sempre deste Pão, Jesus!*

Leitor 3: *De vez em quando nos afastamos de ti e nos sentimos perdidos e doentes. O teu amor nos cura e reconduz ao caminho: a Penitência. (Dar um abraço acolhedor.)*

Todos: *Queremos ser abraçados por ti, Jesus!*

Leitor 4: *Nosso corpo frágil adoece. Tu nos unges com a UNÇÃO DOS ENFERMOS, nos confortando e se tornando força neste momento difícil. (Mostrar e levantar o óleo.)*

Todos: *Unge-nos com tua força, Jesus!*

Leitor 5: *O Sacramento da ORDEM unge pessoas para que vivam a reconciliação e as consagra no serviço da comunidade.*

(Mostrar e levantar a estola.)

Todos: *Dá-nos presbíteros para o serviço da Igreja, Jesus!*

Leitor 6: *Queremos evidenciar a presença de Deus que une duas pessoas em MATRIMÔNIO. (Mostrar e levantar as alianças.)*

Todos: *Ajuda-nos a nos tornar uma família como a tua, Jesus!*

Rezemos juntos a oração que Jesus nos ensinou: Pai nosso...

➡ NO LIVRO DO CATEQUIZANDO

Orientar as atividades do livro. A atividade 1 poderá ser realizada em pequenos grupos.

➡ NA NOSSA FAMÍLIA

- ↳ Perguntar em casa quais os sacramentos que as pessoas da família já receberam.

- ↳ Perguntar se acham importante receber os sacramentos e por quê.

10 Batismo: entrada na Comunidade de Jesus

Tu és o meu Filho amado. (Lc 3,22b)

Objetivos do encontro

- Compreender que ser batizado significa viver sabendo que somos filhos queridos por Deus.

- Entender o porquê o Batismo nos torna cristãos e membros da Igreja de Jesus.

> O catequizando precisa compreender que, pelo Batismo, nascemos de novo na vida e na graça de Deus. Somos marcados como filhos muito amados do Pai e irmãos de Jesus. Quando somos batizados nos tornamos membros da Comunidade de Jesus, a Igreja.

Material necessário

- Bacia com água (recipiente transparente grande), toalha, panos coloridos, vela grande.

- Óleo pertumado para a água (se possível).

- Faixas com os dizeres: Batismo, entrada na comunidade de Jesus.

- Imagens de cachoeira, rios, mares, fontes e também gravuras de destruição causada pela água em enchentes e outros. Também pode ser projetado no datashow.

- Vídeo ou fotos de uma celebração de Batismo (se possível).

- Providenciar a música "És água viva" Pe. Zezinho. Pode ser pesquisada na internet. Se possível providenciar que todos tenham acesso à letra para cantar (cartaz, datashow, impressão...).

Preparação do ambiente

⤿ No centro do local do encontro, mesa com toalha, flores, bacia com água perfumada, vela grande acesa.

⤿ Mesa da Palavra ou pano colorido com a Bíblia aberta sobre ele.

⤿ Colocar as cadeiras em círculo ao redor da mesa.

PASSOS DO ENCONTRO

➡ OLHAR A NOSSA VIDA

No encontro anterior descobrimos que os sacramentos da fé são sete. Quem se lembra o nome desses sacramentos? (Ouvir.) Eles são sinais da presença viva de Jesus em nosso meio, são sinais da graça de Deus nos momentos mais importantes da nossa vida.

Pedir para o grupo de catequizandos olhar o recipiente com água e dizer o significado da água para nossa vida. (Ouvir.) Lembrar que não vivemos sem água (para lavar, regar plantas, cozinhar etc.). Em seguida, colocar as imagens espalhadas na mesa e lembrar que a água pode ser fonte de vida, mas também é causa de morte e destruição. Pedir para os catequizandos dizerem o tipo de destruição que a água pode causar. (Ouvir.)

A presença da água significa presença de vida. Nem a planta, nem os animais, nem as pessoas podem viver sem água. Um copo de água quando estamos com sede parece nos fazer recuperar as forças. E passar pela água do banho parece que adquirimos vida nova, enche o corpo de ânimo, tira o cansaço e purifica. A água é, então, símbolo de vida e de purificação. Mas a água é também, como vimos, símbolo de morte. Basta lembrar das enchestes que acontecem. Assim, podemos afirmar que a água é símbolo de vida e de morte.

➡ ILUMINAR A NOSSA VIDA

Quando vocês nasceram seus pais mostraram que queriam seus filhos como cristãos, pertencendo à Igreja de Jesus. Todos nós nascemos filhos de Deus, que nos ama muito. E no Batismo, numa celebração bonita, celebramos essa vida que Deus nos deu de presente. Pelo Batismo nos tornamos membros da grande família de Deus, a Igreja, a família dos cristãos.

Alguém já presenciou a celebração de um batizado? O que você sabe contar? (Ouvir. Deixar que os catequizandos falem. Ajudar com perguntas.) Quem realizou o Batismo? Quem estava presente? O que o padre usou para batizar? Quem foi batizado? Crianças, adultos ou adolescentes?

O Batismo é o primeiro dos sacramentos. Na celebração há gestos e ritos muitos significativos (se possível mostrar fotos ou partes de um vídeo de um batizado):

- Sinal da Cruz, que o padre faz na criança, é o sinal de Cristo.
- Óleo que é passado no peito da criança significa força para vencer o mal.
- Derramar água na cabeça da criança e dizer: Fulano, eu te batizado em nome do Pai, do Filho e do Espírito Santo.
- Vela acesa, que os padrinhos seguram, sinal de Jesus ressuscitado, luz da vida do cristão, a quem a criança vai seguir durante a vida.
- Veste branca, que representa a amizade com Deus, a graça e o amor a Deus.
- Oração explicando que a criança renasceu pelo Batismo chamada a viver sabendo que é filho(a) de Deus.

Batizamos com água. O que significa? (Ouvir.) Significa passar da morte para a vida. Significa morrer ao pecado, deixar de viver longe do amor e passar a ser uma pessoa de vida nova em Cristo Jesus. Então, no dia do nosso batizado, em nosso nome, nossos pais e padrinhos, renunciaram ao pecado e prometeram que viveríamos na luz de Jesus. Isso significa que ao ser batizado fizemos uma opção por Jesus, por viver, agir e amar como Ele.

Jesus foi batizado? (Ouvir.) Sim, Jesus também foi batizado. No Rio Jordão Ele foi batizado por João Batista, que veio para preparar o caminho para Jesus.

📖 Com a Bíblia na mão ler o Evangelho de Lc 3,21-22.

Como Deus Pai nos apresenta Jesus no seu Batismo? (Ouvir.) O Pai nos apresenta Jesus como seu Filho muito amado. Assim somos nós diante de Deus. Somos filhos muito amados do Pai. Muito antes que você soubesse, no dia do seu Batismo, Deus te disse: *Você é uma alegria, você me faz feliz. Eu te amo. Você me dá alegria.* Disso não podemos esquecer. Todos os dias, sobretudo nos dias tristes, precisamos ouvir a Deus que continua nos dizendo: *Filho meu, minha alegria!*

(Olhar nos olhos de um ou mais catequizandos e repetir a frase.)

É isso que significa ser batizado: viver sabendo que somos filhos muito, muito queridos por Deus.

O Batismo é também a porta de entrada para a Igreja. Porta porque é o sacramento que nos introduz na comunidade de fé. A partir daí, fazemos parte da Comunidade Cristã. E há algo ainda mais bonito. Cristo não é o sobrenome de Jesus. Cristo quer dizer Ungido, o Consagrado. Pelo Batismo nos tornamos cristãos, isto é, ungidos em Jesus, consagrados ao Pai e passamos a pertencer a Igreja de Jesus Cristo, por meio de uma comunidade de fé, seguidores de Jesus. (Colocar a faixa em lugar de destaque.)

➡ NOSSO COMPROMISSO

Como batizados precisamos dar testemunho de que somos filhos muito queridos por Deus e optamos por viver a amar como Jesus. Como podemos fazer isso? (Ouvir.) Sendo carinhoso(a) com quem está triste, dando um abraço, dizendo uma palavra carinhosa para seu amigo(a). Podemos também chamar atenção das pessoas para perceber alguém que precisa de ajuda. O que mais? (Ouvir.)

Durante a semana, no livro do catequizando, escreva se você se sente amado por Deus e como percebe esse amor dele na sua vida. Faremos uma partilha no próximo encontro.

➡ CELEBRAR O NOSSO ENCONTRO

Oração de bênção da água.

Catequista (com a mão direita estendida sobre a água):

> *Senhor Deus, vem abençoar esta água para que ao tocarmos nela com fé sintamos tua graça que nos renova e sejamos testemunhas do teu imenso amor para com todas as pessoas. Amém.*
>
> Todos tocam na água perfumada e fazem o sinal da cruz na testa (se for possível em duplas, um faz o sinal da cruz na testa do outro). Enquanto isso, pode-se cantar uma música.

Música: "És água viva" (Pe. Zezinho).

➡ NO LIVRO DO CATEQUIZANDO

Orientar as atividades do livro do catequizando. As atividades 1 e 2 deverão ser feitas em casa.

➡ NA NOSSA FAMÍLIA

- Pedir aos seus pais para mostrarem fotos do seu batizado.
- Verificar qual é a data do seu batizado e guardar essa data no coração para não esquecer.
- Fazer uma visita aos seus padrinhos de Batismo e pedir a eles que lhe contem como foi o seu Batismo.
  - Nome do padre que celebrou.
  - Quem estava presente.
  - Se eles se lembram o dia do seu Batismo.
  - E outras coisas que você quiser perguntar.

11 Ser batizado: testemunhar a alegria!

Ide, pois, fazei discípulos meus todos os povos, batizando-os em nome do Pai e do Filho e do Espírito Santo. (Mt 28,19)

Objetivos do encontro

- ☼ Reconhecer que ser batizado é testemunhar a alegria de ser amado por Deus.

- ☼ Compreender que testemunhar a alegria é ser sinal de amor, de gentileza, de paciência.

> O catequizando precisa compreender que ser batizado e discípulo de Jesus é testemunhar a alegria, mesmo em meio a dor, tristeza, ódio, violência. Por experimentar profundamente o amor de Deus somos testemunhas da alegria.

Material necessário

- ↳ Providenciar a exibição do vídeo chamado "Contigo Mais":. Disponível em: https://bit.ly/3pK58eW.

- ↳ Uma folha de papel kraft e pincéis.

Preparação do ambiente

- ↳ No centro do local do encontro, mesa com toalha, flores, vela grande acesa, a Bíblia aberta.

- ↳ Colocar as cadeiras em círculo ao redor da mesa.

- ↳ Definir os leitores da oração final.

PASSOS DO ENCONTRO

➡ OLHAR A NOSSA VIDA

Somos batizados e somos filhos muito amados do Pai. Hoje iniciamos nosso encontro com a partilha do que cada um escreveu sobre como se sente como filho querido e amado de Deus.

(Dar tempo para a partilha, comentando e destacando o que foi partilhado.)

Convide a assistir um vídeo chamado "Contigo Mais". (Dar tempo para a exibição.) Caso não seja possível sugere-se relatar o que acontece no vídeo.

> Um menino presencia a pichação de uma grande parede. Resolve fazer algo. Depois, no vídeo, vemos uma sucessão de gestos de gentileza e solidariedade. Uma pessoa faz algo por outra, alguém vê o gesto e também resolve ser gentil, solidário e ajudar outra pessoa. E assim, sucessivamente, são realizados vários gestos de gentileza, de cuidado. No final, o menino consegue ajuda para pintar a parede pichada e deixa os pichadores envergonhados.

Questionar: o que acharam dos acontecimentos propostos no vídeo? Qual mensagem comunicam? (Ouvir.)

Quem se lembra de ter visto algum gesto de gentileza, de solidariedade e ajuda ao próximo que lhe chamou a atenção? Quando se vê algum desses gestos de ajuda e gentileza você se inspira em agir assim também? Por quê? (Ouvir.)

➡ ILUMINAR A NOSSA VIDA

Há uma pergunta no final do vídeo: "Mas por que não, de uma vez por todas, tentarmos dar MAIS? É Ele quem te chama e convida. E tu, o que respondes? Contigo MAIS". Bonito não é mesmo? Quem é que nos chama e convida a dar MAIS? (Ouvir.) É Jesus mesmo.

📖 Com a Bíblia na mão narrar o Evangelho de Mt 28,19-20.

Jesus pede aos discípulos e a nós hoje: "Ide, fazei discípulos, batizai, ensinai a observar o que vos mandei". Como batizados somos convidados a dar mais, a ser mais, a contagiar as pessoas com a boa notícia de que somos filhos amados de Deus, irmãos de Jesus. Isso significa fazer discípulos desejosos de seguir Jesus. Também anunciar o Reino de Deus, como Jesus fez. Essa é também a missão da comunidade dos amigos de Jesus, a Igreja.

O Batizado testemunha a alegria de ser amigo de Jesus, filho amado de Deus. É alguém que busca sempre o MAIS. O que significa isso? (Ouvir.) Isso implica ver o mundo de maneira diferente, no dia a dia fazer o possível para espalhar a gentileza, a alegria de ter amigos, de conviver com a família. Dar mais, buscar sempre o mais, implica viver com intensidade, discernir o que é o melhor. Apesar dos nossos limites, das nossas dificuldades, viver é muito bom. Por isso, todo Batizado é chamado a viver em plenitude.

A alegria brota da certeza de que Jesus está vivo. Somos participantes de sua ressurreição, de sua nova vida. Assim, nossa alegria é também a alegria de Jesus. Por experimentarmos profundamente o amor de Deus somos testemunhas da alegria. Este amor é que nos faz sair de nós mesmos e viver em sintonia com os outros. O amor que Deus nos tem desperta a alegria e ela dá energia, gera confiança. Podemos dizer que a alegria se confunde com plenitude, com vida, com entusiasmo, com sabedoria que permite viver em paz, mesmo com nossa fragilidade, com as nossas feridas e dores, perdas, erros e tristezas.

Ser testemunha da alegria é a essência da vida cristã. Isso significa que não há tristezas? (Ouvir.) O Batizado, longe de fugir dos conflitos da vida, os enfrenta, busca a comunhão, desmonta a intolerância, o preconceito. Isso significa uma pessoa que ama onde há ódio, que tem paciência onde existe teimosia e intransigência, que é compreensiva onde existe revolta, que comunica a paz onde existe a violência, deixa transparecer uma presença alegre onde impera a tristeza. Isso é ser MAIS.

➡️ **NOSSO COMPROMISSO**

É Jesus quem te chama e convida a dar MAIS. O que você pode dar MAIS? Ou como você pode testemunhar a alegria?

(Colocar o papel kraft no centro da sala ou em um quadro e convidar cada um a escrever sua resposta. No final o catequista lê as respostas.)

➡️ **CELEBRAR O NOSSO ENCONTRO**

Vamos ficar de pé. Rezemos ao Senhor de amor e bondade.

(A oração está no livro do catequizando.)

Leitor 1: *Querido Jesus, dá-nos a tua luz, para que o nosso olhar seja capaz de te descobrir nos acontecimentos de cada dia.*

Todos: *Senhor, ajuda-nos a SER MAIS!*

Leitor 2: *Ajuda-nos, Senhor, a sermos agradecidos pelas pessoas que encontram a tua alegria profunda nas suas vidas, pelos que constroem a paz e defendem a preservação da natureza.*

Todos: *Senhor, ajuda-nos a SER MAIS!*

Leitor 3: *Querido Jesus, atualmente também há milhares de pessoas que não encontram lugar para viver com dignidade, moradores de rua, desempregados... Ajuda-nos, como comunidade cristã, a construir a solidariedade e a fraternidade.*

Todos: *Senhor, ajuda-nos na construção de um mundo MAIS humano!*

Leitor 4: *Querido Jesus, dá-nos um amor intenso e coloca-nos a caminhar, a ser MAIS, para reconstruirmos o mundo na força do teu amor e alegria.*

Todos: *Senhor, ajuda-nos a SER MAIS!*

Concluir a oração lendo Fl 4,4-7.

➡ NO LIVRO DO CATEQUIZANDO

Orientar as atividades do livro do catequizando. A atividade 1 deverá ser feita em casa.

➡ NA NOSSA FAMÍLIA

↳ Orientar a apresentar ou comentar com a família o assunto do vídeo que foi utilizado no encontro catequético. Converse com seus pais sobre como a sua família pode fazer algo gentil, solidário e vir a ser MAIS.

↳ Convidar a sua família para ajudá-lo a pesquisar a vida de um santo e como que, com sua vida, ele foi luz no mundo. Trazer a pesquisa no próximo encontro.

12 — Dar a vida pela Fé

Vós sois o sal da terra. Vós sois a luz do mundo. (Mt 5,13.14)

Objetivos do encontro

- ☀ Compreender o que significa ser sal e ser luz do mundo.
- ☀ Identificar pessoas que testemunharam o que significa viver sendo sal e luz.

> No final do encontro, o catequizando compreenderá que, como batizado, é chamado a ser sal e a ser luz no seu dia a dia, com atitudes que podem dar novo sabor e iluminar a vida das pessoas e do mundo, como fazem muitas pessoas de sua realidade e como os santos e santas fizeram.

Material necessário

↳ Providenciar:

a) uma vela grande e uma velinha de aniversário para cada catequizando.

b) um pratinho com sal.

c) uma faixa escrita "Vós sois o sal da terra. Vós sois a luz do mundo".

d) o refrão meditativo "Jesus, Tu és a Luz", da Ir. Míria T. Kolling. Pode ser pesquisada na internet. Se possível providenciar que todos tenham acesso à letra para cantar (cartaz, datashow, impressão...).

Preparação do ambiente

↳ Mesa coberta com uma toalha bonita, Bíblia aberta em Mt 5,13.14, flores bonitas, vela grande acesa.

- Em lugar de destaque colocar a faixa escrita "Vós sois o sal da terra. Vós sois a luz do mundo".

- Cadeiras ao redor da mesa.

- Definir os catequizandos que irão ajudar na oração final.

PASSOS DO ENCONTRO

➡ OLHAR A NOSSA VIDA

- Narrar a história da *Dona Ziza: um amor de pessoa!* com suas palavras. Ela também se encontra no livro do catequizando.

Dona Ziza: um amor de pessoa!

Lucimara Trevizan

Dona Ziza era a avó do Mateus, da Paula, da Ana, do João e da Sandra. Era viúva já há muitos anos. Criou os dois filhos sozinha, trabalhando muito. Foi professora do 4º ano durante muitos anos. Desde sua juventude Dona Ziza ajudava na comunidade Santa Clara, de sua paróquia. Ela coordenava um grupo de encontros bíblicos. Mas todos a conheciam porque tinha sempre um sorriso nos lábios e uma palavra boa para cada um, mesmo que os tempos fossem difíceis.

Ela ajudou os filhos a criarem os netos que tinham grande amor pela avó. Era Dona Ziza quem fazia o pão de queijo das festas da paróquia. Seus filhos e netos diziam que era o melhor pão de queijo do mundo e as pessoas da comunidade concordavam. Festa ou confraternização sem o pão de queijo da Dona Ziza não tinha graça.

Dona Ziza tinha uma palavra que sempre repetia: "Coragem, coragem". Sempre se despedia das pessoas com esse desejo: "Coragem, coragem!", como que dizendo, vá em frente, continue, não desista.

Quando faleceu, já velhinha, a comunidade deu seu nome ao Centro Comunitário onde ela dedicou sua vida sorrindo, amassando pão de queijo, ouvindo as pessoas e testemunhando que é preciso coragem para viver a cada dia.

O que chama sua atenção nesta história? (Ouvir.) Dona Ziza era uma mulher simples, viveu a vida comum de cada dia, tinha uma história como a de tantas outras pessoas, não é verdade? (Ouvir.) Mas, o que ela tinha de diferente? (Ouvir.) Você conhece pessoas como a Dona Ziza? (Ouvir.)

Dona Ziza descobriu que é preciso coragem para enfrentar a vida. Deve ter tido muitos desafios na sua vida, mesmo assim gostava de ajudar a comunidade e as pessoas. Ela gostava de se doar, seja fazendo o pão de queijo ou dizendo a palavra *coragem* que sempre pronunciava para as pessoas. Ela fez diferença neste mundo. Ela deu um sabor novo à vida das pessoas. Ela iluminou a vida de muitos com seu jeito de ser.

➡ **ILUMINAR A NOSSA VIDA**

📖 Com a Bíblia na mão ler o Evangelho de Mt 5,13-16.

Jesus não nos pede para salgar ou iluminar, mas ser sal e ser luz. Então, a missão de cada um está dentro de nós mesmos, não fora. A nossa missão fundamental é ser melhor a cada dia. Se é sal, tudo o que toca ficará temperado. Se é luz, tudo ficará iluminado ao seu redor. Se perdemos a capacidade de salgar e iluminar nos tornamos sal insosso e luz extinta.

O sal serve para que os alimentos tenham seu sabor e a luz serve para que se possa ver o que já existe. Eles têm uma só função: servir para que outras coisas sejam o que são. Ser sal e luz é ressaltar tudo o que é positivo na vida humana.

O sal não pode salgar a si mesmo. Sua capacidade não lhe é útil para nada. Mas, é imprescindível para os outros. É para ser acrescentado a outro alimento, é para ressaltar seu sabor. O humilde sal é feito para os outros, para que sejam eles mesmos. Ele garante o sabor com a condição de que se dissolva.

A escuridão nos paralisa, dá medo e insegurança. A luz afasta as trevas e nos dá segurança. A pequena luz põe as coisas no seu devido lugar, nos faz capaz de contemplar a beleza presente em tudo. A luz realça as cores, tornando tudo mais bonito. A lamparina e a vela produzem luz, mas o azeite e a cera se consomem. Ser luz também significa colocar-se a serviço dos demais. Jesus é a luz verdadeira e o nosso Batismo nos torna filhos da luz. É luz todo aquele que vive as bem-aventuranças.

Como a Dona Ziza há muitas pessoas que deram a vida pela fé, ou seja, que viveram até o fim sua missão de batizados, foram sal e luz. Vocês conhecem cristãos assim? (Ouvir.) Eles vivem ou viveram do jeito que Jesus nos ensinou. Muitos não sabemos o nome, mas muitos outros foram declarados santos pela Igreja porque foram sal e luz. Vamos lembrar alguns nomes?

(Pedir para apresentar a pesquisa feita em casa.)

Hoje há cristãos que são mortos porque são testemunhas da bondade, da justiça, do amor, da alegria do Evangelho de Jesus Cristo.

(Lembrar que em muitos lugares do mundo há cristãos que são mortos só pelo fato de serem cristãos.)

Sejamos sal e luz no nosso dia a dia, nas pequenas atitudes que podem dar novo sabor e iluminar a vida das pessoas e do mundo.

➡ NOSSO COMPROMISSO

Em silêncio, responda no livro do catequizando as seguintes questões da atividade 3.

a) Quais atitudes e comportamentos seus projetam luz na vida dos seus amigos, da sua família?

b) E quais projetam sombras?

c) O que você pode fazer para dar novo sabor na sua vida e na vida das pessoas ao seu redor?

Fazer uma partilha das respostas. Depois motive a escolher uma atitude como compromisso do grupo de ser sal e luz na vida da família, dos seus amigos e da comunidade.

➡ CELEBRAR O NOSSO ENCONTRO

(Ambiente escuro (se possível). Entregar as velinhas de aniversário para todos. Enquanto se canta o refrão alguém acende a vela maior.)

Refrão meditativo: "Jesus, Tu és a Luz" (Ir. Míria T. Kolling).

Vamos recordar as situações de trevas que existem na família, na sociedade, na escola.

(Dar tempo para que alguns catequizandos façam a partilha.)

Em seguida, convidar os catequizandos a darem graças a Deus pelas situações de luz, as coisas boas que existem em nossas famílias, na comunidade e na sociedade.

(Cada catequizando que rezar acende a sua vela na vela maior. Ao final, cantar o refrão com as velas acesas na mão.)

Refrão meditativo: "Jesus, Tu és a Luz" (Ir. Míria T. Kolling).

(Pedir um catequizando que segure a vela maior e uma catequizanda o pratinho de sal.)

Catequista: Querido Jesus, Tu és a luz que ilumina a nossa vida. Permanece sempre conosco, conduzindo nossos passos para que sejamos sal e luz na vida das pessoas e do mundo. Amém.

(Apagam-se as velas.)

➡ NO LIVRO DO CATEQUIZANDO

Orientar as atividades do livro. Solicitar que durante a semana rezem a oração que está no seu livro.

➡ NA NOSSA FAMÍLIA

↳ Perguntar em casa se sabem o que é ser sal e luz no mundo.

↳ Ler, em família, o Evangelho de Mt 25,31-40.

↳ Convidar a família a definir um compromisso para serem sal e luz na vida uns dos outros.

13 — Como cristão em que acredito?

Deus é amor. (1Jo 4,16b)

Objetivos do encontro

- Refletir sobre o que significa ter fé.

- Compreender que os cristãos creem em Deus que é Pai, Filho e Espírito Santo.

Os catequizandos irão compreender neste encontro que para nós cristãos a fé é um modo de ver, um modo de viver, um modo de ser, um modo de amar. É dar o coração com confiança a Deus. Também cremos em Deus, que é amor e nosso Pai, criador de tudo o que existe. Cremos em Jesus, o Filho de Deus, nosso Senhor. Cremos no Espírito Santo, que é o próprio amor que nos anima a viver.

Material necessário

- Uma venda para os olhos que não permita visualizar nada.

- Uma faixa com a frase: COMO CRISTÃO EM QUE ACREDITO?

- Providenciar o refrão da música "Em coro a Deus louvamos, eterno é o seu amor", do Fr. Luiz Carlos Susin. Pode ser pesquisada na internet. Se possível, providenciar que todos tenham acesso à letra para cantar (cartaz, datashow, impressão...).

- Selecionar imagens ou três tipos de analgésicos comuns.

Preparação do ambiente

- Mesa com toalha, Bíblia, vela acesa e flores. Sobre ela colocar três tipos de analgésicos comuns.

⤷ Cadeiras em semicírculo à frente da mesa.

⤷ Organizar em fila três cadeiras, a uma distância de 50cm uma da outra, num canto do local do encontro.

PASSOS DO ENCONTRO

➡ **OLHAR A NOSSA VIDA**

Comentar: Hoje vamos fazer um teste para ver quem tem boa memória. Preciso de um voluntário. (Escolher entre os que se apresentarem.)

Orientar o voluntário dizendo: Você vai caminhar por entre as cadeiras, fazendo zigue-zague em torno dela. Memorize bem o caminho que você fez. Agora, quero que você caminhe por entre as cadeiras de olhos vendados. Acredita que consegue? Quer tentar?

(Colocar o catequizando de frente para a fila de cadeiras, enquanto ele é vendado. Deixar que ele tente fazer a tarefa sem bater em nenhuma cadeira. Provavelmente, ele não conseguirá.)

Agora eu vou escolher outro voluntário que se apresentou e no qual acredito conseguirá caminhar entre as cadeiras com os olhos vendados.

(Escolher alguém e pedir que faça o treino de andar por entre as cadeiras.)

Questionar: Você acredita que vai conseguir? Depois afirmar: Eu acredito que sim.

(Perguntar para o grupo se eles acreditam que o colega vai conseguir.)

Vamos ver? Espere que eu mande você começar a andar.

(Vendar o escolhido, pedir ao grupo que mantenha silêncio total: ninguém pode falar nada. Retirar as cadeiras e dar a ordem de começar.)

Atenção! Vamos começar. Vou te ajudar um pouquinho. Dê dois passos para a direita; um passo para a frente; pode dar mais um; dois passos para a esquerda; dois para a frente; opa, um para trás; um passo para o lado. Conseguiu! Pode tirar a venda. (Permitir manifestações de todos.) Foi divertido? Tiramos as cadeiras, mas ele (ou ela) não viu, confiou, acreditou nas minhas indicações.

(Pedir que se assentem. Pegar os remédios ou suas imagens sobre a mesa e perguntar se reconhecem algum deles. Deixar passar de mão em mão.)

Para que isto serve? (Ouvir.) São remédios para dor, não é? Vocês acreditam que se estiverem sentindo uma dor e tomar um desses remédios a dor vai passar? Vocês acreditam que o médico pode receitar remédios que curam quem está doente? Acreditam que frutas e verduras são boas para a saúde? (Ouvir.) Muitas coisas nas quais confiamos, acreditamos, podem nos ajudar a nos sentirmos melhores, a termos saúde e obtermos o nosso bem-estar.

➡️ ILUMINAR A NOSSA VIDA

A fé cristã é muito mais do que uma *"crença"* nisto ou naquilo. Não é igual ao acreditar que um remédio pode acabar com a dor, um médico pode curar, e tantas coisas que acreditamos. Claro que a fé cristã é também uma questão de confiança em Deus. A fé é dar o coração a Deus. Então podemos dizer que a fé é uma questão de amor.

📖 Com a Bíblia na mão ler 1Jo 4,7-12.

São João nos lembra que quem não ama não conhece a Deus, porque Deus é amor. Não se trata de saber coisas sobre Deus, mas de amar. Por isso, ter fé é entregar o coração com confiança a Deus. E ainda mais, para nós a fé é um modo de ver, um modo de viver, um modo de ser, um modo de amar. A fé é uma vida que se inspira no modo de viver de Jesus, uma vida comprometida em favor da vida, do Reino de Deus.

Ter fé é viver os valores segundo os quais vivia Jesus. A fé é um relacionamento pessoal com Jesus, é caminhar com Ele, assumindo para si o seu estilo de vida. A fé cristã compromete a nossa vida. Não é algo para viver da boca para fora, não é ficar restrito a só cumprir uma obrigação ou algumas práticas religiosas (rezar o terço, fazer uma novena, por exemplo).

Os primeiros cristãos formularam uma oração chamada Creio, na qual foram elencados em quem cremos, para não esquecermos, para guardarmos no coração. Esta oração diz que:

↳ Cremos em Deus, que é amor (como nos diz São João), e nós o chamamos de "Pai", porque foi assim que Jesus nos ensinou a chamar a Deus: "Abba, Papai". Ele é a Luz e o criador de tudo o que existe. Não somos órfãos, temos um pai e o nosso Pai é Deus.

↳ Cremos em Jesus, o Filho de Deus, nosso Senhor, que se fez homem, viveu no meio de nós, caminhou na nossa própria vida, tornou-se companheiro daqueles que são mais frágeis. Jesus nos mostrou o caminho da Luz, que é o Reino de Deus. Jesus foi morto, mas Deus o ressuscitou e Ele está conosco através do seu Espírito Santo de Amor.

↳ Cremos no Espírito Santo, que age no mundo para o bem da humanidade. Ele é o próprio amor que nos anima a viver, a abraçar a vida com entusiasmo todos os dias, apesar das dificuldades. É o Espírito que nos impulsiona a agir e nos dá esperança.

Esperamos viver na luz de Deus Pai; na luz de Jesus, Filho de Deus e nosso Salvador; na luz do Espírito Santo que nos motiva a seguir em frente na vida.

Se formos fiéis ao nosso Batismo, seremos e iremos espalhar a luz da esperança, e como Igreja seremos testemunhas da luz do Pai e do Filho e do Espírito Santo.

➡ NOSSO COMPROMISSO

Nosso compromisso de hoje é memorizar a data do seu Batismo. É importante lembrar deste dia, pois é o dia do seu renascimento, é a data da luz, o dia em que fomos iluminados pela luz de Cristo. No Batismo passamos a viver como filhos de Deus, nosso Pai e irmãos de Jesus. Em nós vive e age o Espírito de Jesus, que nos impulsiona a viver, apesar das trevas deste mundo.

➡ CELEBRAR O NOSSO ENCONTRO

Catequista: *Louvemos juntos a Deus que nos chamou à Vida e nos quer anunciadores do seu amor.*

Refrão: *Em coro a Deus louvemos, eterno é seu amor / Por nós fez maravilhas, louvemos ao Senhor!*

Catequista (apontando a mão direita para o alto): *Glória a Deus, Pai de todos, que nos faz irmãos e irmãs.*

Todos: *Glória ao Deus que nos faz viver e nos chama a ser luz!*

Catequista (apontando a mão direita para o chão): *Glória ao Filho Jesus que com sua vida nos ensina a viver.*

Todos: *Glória a Jesus, Caminho, Verdade e Vida!*

Catequista (apontando a mão direita na direção dos catequizandos): *Glória ao Espírito Santo, luz que nos anima e orienta.*

Todos: *Glória ao Espírito de amor que nos faz profetas da esperança!*

Refrão: *Em coro a Deus louvemos, eterno é seu amor/ Por nós fez maravilhas, louvemos ao Senhor!*

Catequista (mão direita abençoando o grupo): *Ó Deus da compaixão e ternura, acenda em nós o fogo do seu amor, e nos abençoe agora e sempre.*

Todos: *Amém!*

➡ NO LIVRO DO CATEQUIZANDO

Orientar as atividades do livro.

➡ NA NOSSA FAMÍLIA

↳ Contar para sua família o que você descobriu no encontro de hoje. Não deixe de contar em quem os cristãos acreditam.

↳ Convide a família a identificar quais atitudes podem praticar para serem testemunhas do amor de Deus.

Celebração

14 Renovação das promessas do Batismo

Chamei-te pelo nome: tu és meu! (Is 43,1)

Objetivo da celebração

- ☼ Renovar as promessas do Batismo.

Material necessário

- ↳ Uma faixa: "Chamei-te pelo nome: tu és meu!" (Is 43,1).

- ↳ Providenciar:

  - a música "És água viva" (Pe. Zezinho). Pode ser pesquisada na internet. Se possível, providenciar que todos tenham acesso à letra para cantar (cartaz, datashow, impressão...).

  - óleo perfumado para ungir a testa do catequizando, pais e padrinhos no início da celebração.

  - vasilha com água e galhinho verde para aspersão (recipiente que será utilizado para aspersão), vela grande (se possível o Círio Pascal).

  - Uma vela para cada catequizando.

  - Preparar cartões no estilo de pergaminhos com a oração do CREIO para ser entregue aos catequizandos.

Preparação do ambiente

- ↳ Cobrir uma mesa com uma toalha branca bonita e, sobre ela, uma vela grande acesa, flores, vasilha com água.

- ↳ Colocar em lugar de destaque uma faixa: "Chamei-te pelo nome: tu és meu!"

- Cadeiras ao redor da mesa.

- Escolher, previamente, quem vai acender a sua vela na vela grande.

- Esta celebração pode ser realizada juntamente com outros grupos de catequizandos, na igreja da comunidade e em um horário em que seja possível a participação dos pais e padrinhos.

- Esta celebração poderá ser presidida pelo padre responsável pela comunidade.

PASSOS DA CELEBRAÇÃO

1. Acolhida

(Uma ou duas pessoas acolhe cada um e unge suas mãos com óleo perfumado dizendo: fulano(a), filho(a) meu(minha), você é minha alegria.)

Catequista: Sejam todos bem-vindos! Hoje iremos renovar as promessas feitas por seus pais e padrinhos no Batismo. No Batismo ganhamos de modo especial a força do Espírito Santo para que, durante a vida, aprendamos a viver, discernir, agir e amar como Jesus, o ser humano mais lindo que esta terra já viu.

Todos: Bendito seja Deus que nos reuniu no amor de Cristo.

2. Sinal da cruz

Catequista: Queridos amigos, o nosso sinal é a Cruz de Cristo. Por isso marcamos você, agora, com o sinal de Jesus, o Cristo Salvador.

(Em silêncio, o catequista, o pai, a mãe, a madrinha e o padrinho fazem o sinal da cruz na testa do catequizando e entre si.)

3. Proclamação da Palavra

Catequista: Vamos ouvir atentamente o texto do Livro do Profeta Isaías.

Canto de acolhida da Palavra

📖 Leitura do Livro do Profeta Isaías 43,1b.4a.5a.

Reflexão

Catequista: A experiência de ser "o Filho amado" de Deus foi o que deu a Jesus força e ânimo durante toda sua vida. Essa é também a experiência que deve nos animar como seguidores de Jesus: somos marcados, "tatuados" como amado(a) de Deus. Somos de Deus que nos ama e faz tudo por nós, como lembra o Profeta Isaías. Quem descobre este tesouro, esta alegria, percebe o que é ser cristão(ã), compreenderá sua fé, entenderá as exigências do Evangelho, acolherá o grande mandamento do amor: "Amai-vos uns aos outros como eu vos tenho amado" (cf. Jo 13,34).

Para amar como Ele amou, antes é preciso fazer a experiência de sentir-se amado(a) por Deus.

4. Bênção da água e aspersão

Catequista: A água dá vida e é necessária para a vida. A água lava e limpa. No Batismo, lava e limpa por dentro. Bendigamos a Deus que se serviu da água para dar a vida aos que creem.

(Estendendo a mão direita sobre a água.)

Jesus se fez batizar por João Batista; ungido pelo Espírito, iniciou sua missão neste mundo. Nas águas do seu amor todos nós somos mergulhados e passamos da escravidão para a liberdade, da tristeza para a alegria, da morte para a vida. Abençoa, Senhor, a água com a força do teu Espírito. Queremos assumir nosso Batismo e ser testemunhas do teu amor. Por Cristo, nosso Senhor.

Todos: Amém.

(Durante a música o catequista poderá aspergir a todos.)

Música: "És água viva" (Pe. Zezinho).

5. Promessas do Batismo

(Distribuir as velas entre os catequizandos.)

Catequista: Agora, vamos fazer as promessas que nossos pais e padrinhos fizeram, em nosso nome, no dia do nosso Batismo. Dois de vocês vão acender a sua vela na vela grande, que está sobre a mesa, e acender a vela de um colega que acederá a vela do outro e assim por diante.

Você foi iluminado por Cristo para se tornar luz do mundo. Com a ajuda de seus pais e padrinhos viva como filho da luz. Você trouxe uma luz nova na vida de seus pais e de sua família. Você é luz no meio de nós e é luz para o mundo.

RENOVAÇÃO DAS PROMESSAS DO BATISMO

Catequista: Ser Batizado é ser testemunha da alegria, é viver na fé de Jesus e do seu Evangelho. Vocês estão dispostos a lutar contra qualquer coisa que prejudique a vida e gere a violência?

Todos: Sim!

Catequista: Vocês querem viver como irmãos, não aceitando nada que seja motivo de divisão e de ódio entre as pessoas?

Todos: Sim!

Catequista: Vocês querem seguir Jesus, vencendo o comodismo e lutando contra todo sentimento de ciúme e de vingança?

Todos: Sim!

6. Profissão de fé

Catequista: Você crê em Deus Pai todo-poderoso, criador do céu e da terra?

Todos: Creio.

Catequista: Você crê em Jesus Cristo, seu único Filho, nosso Senhor, que nasceu da Virgem Maria, padeceu e foi sepultado, ressuscitou dos mortos e subiu ao céu?

Todos: Creio.

Catequista: Você crê no Espírito Santo, Senhor e fonte de vida?

Todos: Creio.

Catequista: Você crê na Santa Igreja Católica, na Comunhão dos Santos, na remissão dos pecados, na ressurreição da carne, na vida eterna?

Todos: Creio.

Catequista: Esta é a nossa fé, que da Igreja recebemos e sinceramente professamos, razão de nossa alegria em Cristo nosso Senhor.

Todos: Amém!

Música: "Dentro de mim" (Pe. Zezinho).

(Após a música, apagam-se as velas.)

7. Entrega do Creio

Catequista: Vocês acabaram de declarar, em voz alta, em quem vocês creem. Vão receber, agora, das mãos dos pais e dos padrinhos ou dos adultos presentes esta oração do Creio para rezar durante toda esta semana.

(Colocar um fundo musical e fazer a entrega do Creio.)

8. Preces finais

Catequista: Supliquemos a misericórdia de Deus para todos nós.

Todos: Ó Senhor, escuta a nossa prece!

Meninos: Dá, Senhor, a cada um de nós renascer para uma vida nova e crescer na vida como filho e filha amado(a) de Deus.

Meninas: Santifica, ó Pai, a todos nós ao longo da vida para que saibamos perdoar e ter compreensão com as fraquezas dos outros.

Meninos: Senhor, que cada um de nós cresça no caminho de Jesus e saiba ser testemunha da alegria.

Meninas: Ó Pai, dá a nossos pais e padrinhos força interior para nos ajudar a sermos cada vez mais humanos e levarmos a sério a sua opção.

Pais: Senhor, que os padrinhos ajudem seus afilhados a descobrir a ternura de Deus e sejam sempre presença amiga em sua vida.

Mães: Ó Pai, ajudai a nossa comunidade e a nossa família a serem testemunho da fé e da missão de Jesus.

Preces espontâneas...

Pai nosso...

9. Bênção final

Catequista: O Senhor esteja conosco!

Todos: Ele está no meio de nós!

Catequista: Abençoe-nos o Deus cheio de misericórdia e bondade: o Pai e o Filho e o Espírito Santo.

Todos: Amém!

Escolher o caminho do amor e do perdão

15 | O jovem que recusou seguir Jesus

O que devo fazer de bom para ter a vida eterna? (Mt 19,16)

Objetivos do encontro

- ☀ Perceber que cada um tem a liberdade de recusar a seguir Jesus.

- ☀ Compreender que o caminho de Jesus é o da vida verdadeira, do amor verdadeiro, da verdadeira felicidade.

> O catequizando descobrirá que podemos fazer escolhas boas ou más em nossa vida. Jesus nos convida a segui-lo. Temos liberdade de decidir, embora seguir Jesus implique reconfigurar a nossa vida a partir do Evangelho. Há quem recuse seguir o caminho da vida verdadeira que Jesus oferece.

Material necessário

- ↳ Imagens de carinhas: uma alegre e outra fechada, ou sinal de positivo e negativo. ☺☹ – 👍👎

- ↳ Papel cartão ou cartolina.

- ↳ Pauzinho de churrasco ou picolé.

- ↳ Moedas.

- ↳ Imagens de cédulas de dinheiro.

- ↳ Bijouterias.

- ↳ Pedras coloridas.

- ↳ Preparar uma vasilha ou uma caixa bonita, tendo dentro bijuterias bonitas e pedras coloridas, imitando pedras preciosas, duas ou três cédulas de dinheiro e moedas variadas (imitando um tesouro).

⤷ Preparar placas com pauzinho de churrasco/picolé e papel, uma para cada catequizando, tendo, de um lado, a imagem de uma carinha alegre e, do outro, uma carinha fechada.

Preparação do ambiente

⤷ Preparar uma mesa coberta com uma toalha bonita, de cor escura, para realçar os objetos que serão colocados sobre ela. Colocar, de um lado, o "tesouro" e, do outro, colocar a Bíblia aberta, uma imagem de Jesus, vela acesa e flores.

⤷ Cadeiras em semicírculo à frente da mesa.

PASSOS DO ENCONTRO

➡ **OLHAR A NOSSA VIDA**

(Distribuir as placas aos catequizandos e orientar a dinâmica.)

Vou dizer algumas escolhas que as pessoas fazem. Se for uma escolha boa, vocês vão levantar a placa que receberam do lado da carinha alegre, virada para a frente. Se for má, do lado da carinha fechada virada para a frente. Vamos lá?

1. Paulo é um bom menino. Faz seus deveres na escola com responsabilidade e é educado com todos. Uma vez, entretanto, brigou com seu coleguinha, o Carlos, após a aula. Na briga, sujou a sua blusa de uniforme. Decidiu, então, não contar a verdade em casa. Disse que tropeçou e caiu. Foi uma boa escolha? Levantem a placa aprovando ou não a atitude de Paulo.

2. Depois da briga que teve com o Carlos, Paulo ficou muito zangado. Passada a raiva resolveu contar para a sua mãe dizendo o que acontecera e como estava arrependido. Queria pedir desculpas a Carlos, mas tinha receio de que ele não o recebesse bem. Sua mãe o encorajou e ele procurou o amigo. Qual

não foi a sua surpresa? Carlos também estava querendo fazer o mesmo. Eles se entenderam e continuaram amigos. Foi uma boa escolha dos dois? Mostrem a placa.

3. Marina é uma menina muito atenciosa e amorosa com todos. Uma amiguinha, a Luciana, adoeceu gravemente e faltou à catequese. A catequista combinou com todos da turma visitar a menina em grupo de quatro para não ter muitos de uma vez só. No dia em que Marina combinou ela resolveu ficar jogando online com a Júlia no celular, e faltou ao seu compromisso. Foi uma boa escolha? Levantem a placa.

4. Chegou o dia da catequese. A turma contou para a catequista como foi a visita a Luciana e como ela ficou feliz com a presença deles em sua casa. Marina, envergonhada de não ter ido, preferiu dizer que estava com uma dor de cabeça muito forte no dia da visita. Foi uma boa escolha? Mostrar a placa.

5. Em um outro dia a catequista marcou com a turma de visitar a igreja da comunidade para conhecer as vestimentas do padre na celebração, os objetos usados na missa e celebrações. Na hora marcada, Marina recebeu a visita de uma prima que gostava muito e não via há muito tempo. Em vez de ficar em casa com ela, decidiu convidá-la para participar da catequese e foram juntas. Foi uma boa escolha? Levantem a placa.

Como acabamos de ver, podemos fazer escolhas boas ou más em nossa vida. Nem sempre fazemos o melhor. Muitas vezes erramos em nossas decisões. As más escolhas nos deixam tristes e envergonhados.

➡️ **ILUMINAR A NOSSA VIDA**

Jesus nos faz um convite para segui-lo. É um convite. Podemos aceitar ou não. Temos liberdade de decidir, embora seguir Jesus implique reconfigurar a nossa vida a partir do Evangelho. Vamos conhecer a história de um jovem nos evangelhos, que possuía muitos bens e aproximou-se de Jesus e lhe perguntou o que deveria fazer para alcançar a vida eterna, o céu. Vamos também conhecer a resposta de Jesus ao jovem e o que aconteceu depois.

📖 Com a Bíblia na mão, ler o Evangelho de Mt 19,16-22 e convidar os catequizandos a acompanhar a leitura do texto.

O jovem que procurou Jesus era bom? (Ouvir.) Sim, ele era bom, pois procurava cumprir, sempre, a todos os mandamentos. Mas, decidiu ir embora. Por quê? (Ouvir.) Porque amava mais a seus bens; a sua riqueza em primeiro lugar.

Jesus não quer que entreguemos os nossos bens e fiquemos sem nada. Mas disse ao jovem para abandonar tudo, para testá-lo, para ver a quem ele dedicaria seu amor primeiro: a Deus ou às riquezas. O espanto se apoderou do jovem: sentia-se numa encruzilhada, na qual era convidado a deixar para trás todos os caminhos já frequentados, e entrar em outro caminho novo e cheio de surpresas; mudar o "modo de viver e agir" que estava acostumado, desconectando-se de seus apegos às riquezas; atrever-se a crer numa palavra, a Palavra de Jesus, que afirmava que a vida plena, feliz a qual ele buscava, estava mais ser do que possuir; acolher o apelo para renunciar tudo aquilo que até aquele momento da vida dele constituía sua segurança, e abrir-se a uma vida de partilha solidária...

O jovem sentiu vertigem e se afastou devagarinho, consciente de que os olhos de Jesus estavam fixos nele, esperando talvez, que fizesse meia-volta. Jesus, ao olhar para o jovem, o desafiou a colocar-se "em movimento", como se dissesse "vem comigo", siga-me, pronto para começar algo novo, uma nova experiência que não lhe era familiar e que o faria percorrer os caminhos desconhecidos do amor, da bondade, da fraternidade. Ofereceu ao jovem vida verdadeira, amor verdadeiro, riqueza verdadeira! Jesus esperava que ele saísse de sua vida confortável e o convidou a fazer o caminho com Ele. No entanto, o jovem escolheu a vida estável, já conhecida, o lugar que já lhe dava segurança. Paralisou sua vida e esvaziou-a do sentido de plenitude, da verdadeira felicidade. O jovem recusou seguir Jesus.

➡ NOSSO COMPROMISSO

Nesta semana nosso compromisso será olhar para nós mesmos e ver o que estamos acumulando e nos perguntar: quanto do que tenho faz tempo que não uso ou não preciso? Quanto do que tenho não é realmente necessário para ser feliz? O que encontramos que não nos enche de esperança? Se tivesse de fazer uma limpeza (em mim mesmo, nos meus brinquedos, roupas etc.) por onde começaria?

➡ CELEBRAR O NOSSO ENCONTRO

Rezemos juntos.

(A oração está no livro do catequizando.)

Querido Jesus,
Eu não conseguiria olhar nos teus olhos e dizer não.
Olha no fundo dos meus olhos e veja:
Eu quero te seguir,
Eu quero deixar o que não me faz feliz,
Eu quero andar nos teus caminhos.
Eu te amo.
Ajuda-me a não me acomodar, a não acumular coisas, a não ter medo dos caminhos novos.
Ajuda-me a não desviar do teu olhar quando o medo, a dor e a tristeza chegar.
Eu quero a vida verdadeira, a felicidade verdadeira, o tesouro verdadeiro que só você nos dá.
Amém!

➡ NO LIVRO DO CATEQUIZANDO

↳ Orientar as atividades do livro do catequizando, em especial, a realização do compromisso da semana.

➡ NA NOSSA FAMÍLIA

Ler, em família, "a história do jovem rico" que está contada no Evangelho escrito por Mateus 19,16-26. Comentar o que aprendeu na catequese.

16 O bem e o mal estão aí: podem escolher!

Deixem o trigo e o joio crescerem juntos até o tempo da colheita. (cf. Mt 13,30)

Objetivos do encontro

💡 Perceber que o joio e o trigo se referem às limitações e virtudes que cada um possui.

💡 Compreender que é preciso se conhecer para aprender a identificar as próprias limitações e saber escolher, pensar e agir com amor, bondade e compreensão.

Os catequizandos precisam compreender que o trigo e o joio habitam juntos cada coração humano. É preciso aceitar o próprio joio, as próprias limitações. Mas, podemos escolher ser trigo que suporta e aprender com o joio que mora em nós mesmos, sem se deixar dominar por ele.

Material necessário

↳ Providenciar imagens de rostos de adolescentes, jovens e adultos com expressões de raiva, medo, ciúmes, amor, bondade, alegria, compaixão...

↳ Preparar uma faixa pequena para cada palavra: raiva, medo, ciúmes, inveja, ódio, amor, bondade, alegria, compaixão, compreensão, perdão.

↳ Providenciar uma toalha ou panos coloridos que possam ser colocados no chão do local do encontro.

Preparação do ambiente

᮫ Preparar no chão do local do encontro uma toalha bonita ou panos coloridos. Colocar a vela acesa, flores e a Bíblia aberta.

᮫ Espalhar e misturar pelo chão as faixas com as palavras e imagens indicadas.

᮫ Cadeiras em círculo ao redor da toalha no chão.

PASSOS DO ENCONTRO

➡ **OLHAR A NOSSA VIDA**

Vou contar a vocês a história da Ana, uma menina curiosa que queria descobrir e desvendar o segredo de tudo.

Ana e o segredo do seu coração

Lucimara Trevizan

Ana sempre foi uma menina curiosa. Esperta e perguntadeira, queria conhecer tudo o que podia. Olhava para a natureza, para as pessoas e achava que tudo era maravilhoso, tudo precisava ser desvendado.

Ana achava que havia coisas demais a serem desvendadas e tinha pressa. Quando chegou aos 10 anos já tinha escrito para a NASA, agência espacial dos Estados Unidos, porque queria saber mais sobre os planetas. Também conversava por e-mail com os cientistas da Universidade de São Paulo que estudavam o DNA. Tudo era fascinante! Não sabia se queria ser astronauta ou cientista.

Sua mãe, dona Betânia, lhe dizia: minha filha, calma, a cada dia temos a oportunidade de aprender algo, é preciso ter olhos e ouvidos atentos. Vá devagar.

E foi quando entrou no 5º ano e mudou de escola que descobriu algo inesperado. Encontrou sua melhor amiga, a Lúcia. Também se apaixonou pelo João. Acontece que a Lúcia tinha outras melhores amigas e não lhe dava a devida atenção, por isso, Ana se viu com ciúmes. O João não percebia a sua paixão porque era apaixonado pela Sara. Ana se viu com ódio da Sara. O que estava acontecendo com ela? Ana estava enfurecida.

Nesse período a Maria, sua vizinha de casa, pediu sua ajuda para um trabalho de matemática. Com o passar dos dias foram se tornando amigas e se encontravam toda tarde para estudar. Ana percebeu que Lúcia não era sua amiga de verdade, pois Maria, sim, era sua cúmplice em tudo. E experimentou o gosto bom da amizade verdadeira. Descobriu, um tempo depois, que o irmão da Maria, o Marcos, era inteligente e muito mais bonito do que o João.

Que coisa! Ela queria ser astronauta ou cientista, afinal era inteligente, mas, às vezes, não compreendia bem seus próprios sentimentos. Descobriu, então, que havia um mundo a desvendar dentro de si mesma. Nem sempre era bom encarar sua raiva, sua preguiça, seu ódio, mas havia também para sua alegria muito amor, amizade e compreensão em seu coração. A vida é mesmo uma surpresa e, afinal, se não der certo o que se deseja, o importante mesmo é ser mais humana.

Interessante a história da Ana, não é mesmo? Quem aqui já se sentiu como ela? (Ouvir.) Ana se descobriu com ciúmes, raiva, ódio, tudo junto e bem forte. Por que Ana se descobriu enfurecida? (Ouvir.) Mas, Ana também encontrou a amizade verdadeira, não é? (Ouvir.) O que podemos aprender com a Ana? (Ouvir.) Na nossa vida, à medida que vamos crescendo, cresce junto nossa curiosidade pelas coisas, mas também precisamos crescer na compreensão de nós mesmos. Dentro de nós, seres humanos, cresce a raiva, o ódio, a preguiça, o medo e o ciúme. O que mais? (Ouvir.) Junto com isto tudo há também o amor, a amizade, a paciência. O que mais? (Ouvir.)

➡ **ILUMINAR A NOSSA VIDA**

Jesus contou uma história interessante sobre o joio e o trigo. Vamos ver como nos ajuda a compreender a história da Ana e a de nós mesmos.

📖 Com a Bíblia na mão ler o Evangelho de Mt 13,24-30.

A sabedoria de Jesus nos convida a reconhecer em nós misturados o trigo (as virtudes e as qualidades) e o joio (o mal e as limitações). O ser humano carrega dentro do seu coração o bem e o mal. É preciso reconhecer isso. O trigo e o joio não nascem em campos diferentes, nem dividem as pessoas em bons e maus. Trigo e joio, ou seja, bem e mal habitam juntos em cada coração humano. O joio se parece muito com o trigo; e suas raízes ao crescerem se entrelaçam com as do trigo. Arrancar o joio significará arrancar junto o trigo. Será preciso paciência para identificar o que é joio e escolher ser trigo, ou seja, ser mais humano. A atitude mais sábia, nos diz o Evangelho, é a de "deixar o trigo e o joio crescerem juntos".

Quando se descobriu enfurecida, Ana identificou seu próprio "joio". E isso a fez se perceber mais humana. Concordam? (Ouvir.) Antes disso parece que ela tinha de ser perfeita porque queria o melhor. Ela desceu do pedestal. Ser mais humano é também a capacidade de ser frágil, vulnerável, de aceitar que as coisas não acontecem como queremos. Mas, também, significa ser criativo, buscar outros caminhos.

Os joios também têm sua função. Não podemos negar nossos limites, mas perceber nossa capacidade de ser solidário, amoroso, terno. Tudo isso é a vida. É isso que Jesus nos ajuda a compreender. Podemos escolher ser trigo que suporta e aprende com o joio que mora em nós mesmos, sem nos deixar dominar por ele. Tudo isso é ser mais humano. E quando deixamos Jesus ser realmente nosso amigo, Ele nos ajuda a deixar o "trigo" do amor, da bondade, da compreensão crescer mais forte em nós.

Não devemos deixar o joio determinar a nossa vida através do seu crescimento sem controle. Se isso acontece, provavelmente escolheremos o que é mal, ou seja, tudo o que não é amor. Isto é o que chamamos de pecado.

➡ NOSSO COMPROMISSO

Ao longo da semana vamos olhar para nossas próprias limitações (joio) e anotar qual a sua atitude e sentimento com relação a elas. Também anote o que é virtude (trigo) em você. Procure perceber se você se deixa dominar pelo que é joio ou pelo que é trigo. É muito importante aprender a distinguir o joio do trigo dentro de nós.

➡ CELEBRAR O NOSSO ENCONTRO

Vamos olhar para as palavras espalhadas pelo nosso chão. Espontaneamente escolham uma palavra que é joio ou trigo para fazer uma prece. (Dar tempo para isso.)

Peçamos a Jesus, nosso amigo e Senhor, que ilumine nossa vida e nos ajude a distinguir o joio (mal) e o trigo (bem) em nós. Peçamos perdão pelo joio em nós. Após cada prece, responder juntos: "Senhor, tende piedade de nós!"

(O(a) catequista começa pegando uma palavra que é joio e faz uma prece. Por exemplo: pelas vezes em que o joio do ódio trouxe discórdia e violência entre as pessoas, te pedimos, Senhor!)

Agora vamos agradecer a Deus pelas vezes em que fomos trigo e alimentamos a vida com o bem. Após cada prece, responder juntos: Obrigado, Senhor!

(O(a) catequista começa pegando uma palavra que é trigo e diz: Senhor, nós te agradecemos pela bondade que irradia do coração de muitas pessoas neste mundo...)

Rezemos juntos a oração do Reino de Deus que é bondade, amor, perdão, justiça, partilha, em um mundo onde o joio está espalhado. Pai nosso...

➡ NO LIVRO DO CATEQUIZANDO

↳ Orientar as atividades do livro do catequizando, em especial a de n. 3, que é o compromisso da semana.

➡ NA NOSSA FAMÍLIA

↳ Ler a parábola do joio e do trigo em casa para seus familiares. Conte o que aprendeu com ela a seus pais e irmãos.

↳ Rezar durante a semana a oração que se encontra no livro do catequizando.

17 | O encontro de Jesus com os pecadores

Ele convive e come com os pecadores. (Lc 15,1-7)

Objetivos do encontro

☼ Compreender que escolher o mal é escolher o pecado e que pecar é não amar.

☼ Identificar que Deus vai ao encontro dos que se desviam e reconstrói a sua beleza original de filho e filha Dele.

> No final do encontro, o catequizando precisa compreender o que é o pecado. Também que Deus não desiste e sai sempre em busca dos que se perdem, se desviam do amor, do caminho da vida verdadeira.

Material necessário

↳ Providenciar:

- 4 ou 5 imagens bonitas de paisagens diversas. Procurar imagens em tamanhos de uma folha de A4 (se possível). Rasgar as imagens em uns 6 pedaços ou mais, de modo que possam ser emendados para reconstruir a imagem.

- Pedaços de cartolina ou papel kraft do tamanho das imagens encontradas.

- Cola para cada grupinho de catequizandos que irá restaurar no pedaço de cartolina a imagem rasgada.

- Fichas de papel em branco para o momento do compromisso.

- O refrão orante "Jesus, tu és a Luz" da Ir. Miria T. Kolling. Pode ser pesquisado na internet. Se possível providenciar que todos tenham acesso à letra para cantar (cartaz, datashow, impressão...).

Preparação do ambiente

↳ Preparar no chão do local do encontro uma toalha bonita ou um pano colorido. Colocar a vela acesa, flores e a Bíblia aberta.

↳ Cadeiras em círculo ao redor da toalha no chão.

PASSOS DO ENCONTRO

➡ **OLHAR A NOSSA VIDA**

Vamos nos dividir em pequenos grupos (4 ou 5 grupos). Cada grupo vai receber um pedaço de cartolina e uma imagem que foi rasgada. A tarefa do grupo é restaurar a imagem na cartolina, colando os pedaços com cuidado. É um trabalho de restauração.

(Dar tempo para a tarefa.)

Cada grupo apresenta o resultado final da restauração que fez.

(Cada grupo mostra a imagem para todos verem. Colocam, em seguida, as imagens restauradas ao redor da Bíblia.)

Como foi juntar novamente as peças dessas imagens? (Ouvir.) Vocês já viram o trabalho dos restauradores de quadros e outras obras de arte? (Ouvir.) É parecido com o que vocês fizeram. Eles sabem que houve um dano; por exemplo, os cupins estragaram a obra ou, ao longo do tempo, rasgaram parte do quadro etc. O restaurador limpa tudo e, delicadamente, tenta devolver o quadro à sua beleza original.

No nosso encontro anterior ouvimos Jesus contar a parábola do joio e do trigo. Nosso compromisso era observar o joio e o trigo em nós. Quem gostaria de começar partilhando o que refletiu? Havia uma questão muito importante para ser refletida que era se você se deixa dominar mais pelo joio ou pelo trigo.

(Pedir para partilhar o que escreveu no livro do catequizando.)

➡ ILUMINAR A NOSSA VIDA

O importante é não deixarmos o joio do desamor, do ódio, dos ciúmes, da inveja, da violência determinar a nossa vida. Se escolhemos somente o que é mal, ou seja, tudo o que é contrário ao amor, estamos escolhendo o pecado. Em síntese, pecado é não amar. E todos nós ao longo da vida podemos nos desviar do amor. E, se nos desviamos do amor, muitas vezes nos perdemos, isto é, vamos nos afastando da vida verdadeira, da felicidade verdadeira. O pecado deixa marcas em nós de muitas maneiras.

📖 Com a Bíblia na mão narrar o Evangelho de Lc 15,1-7.

Os escribas e fariseus, homens da observância da lei, não suportavam ver Jesus acolhendo e recebendo de coração aberto os pecadores e partilhando a refeição com eles. Então Jesus conta uma parábola em que nos diz que Deus vai em busca dos que estão "perdidos", que se desviam do caminho do amor, da justiça e da verdade para resgatá-los e transborda de alegria quando os encontra e eles voltam.

Jesus nos mostra um Deus cheio de amor e ternura. Deus faz um trabalho parecido com o do restaurador, Ele limpa com delicadeza cada pedaço do nosso coração, Ele restaura o que foi rasgado pelo pecado, age para que venha à luz o mais original que há em nós. Somos filhos de Deus, que é todo bondade e amor. Somos obras de arte restauradas pelo amor de Deus.

Podemos afirmar, então, que Deus é misericórdia e podemos deixar-nos reconstruir pelo amor que Ele nos oferece, nos devolvendo a dignidade, a beleza de ser filho e filha Dele. Podemos dizer não a Deus como o moço que se recusou a seguir Jesus. Mas, Deus está sempre à espera de nós, não desiste de nós. Jesus nos revelou isso.

➡ NOSSO COMPROMISSO

Cada um de nós tem algo que precisa ser restaurado em nossa vida pelo amor de Deus. Distribuo uma ficha em branco e você escreve o que precisa ser encontrado, abraçado ou restaurado dentro do seu coração. Pode ser uma dor, uma perda, uma tristeza, uma raiva ou mesmo a nossa mania de querer ser mais do que os outros.

(Dar tempo para a atividade que se encontra no livro do catequizando.)

➡ CELEBRAR O NOSSO ENCONTRO

Iniciar cantando o refrão orante "Jesus, tu és a Luz" (Ir. Miria T. Kolling).

Cada um vai colocar ao redor da Bíblia o que escreveu, que precisa ser restaurado pelo amor de Deus. Vamos fazer isso em silêncio.

Rezemos juntos.

Querido Jesus,
Já me desgarrei, me perdi do seu amor algumas vezes.
Acolhe tudo que em mim está perdido ou é falta de amor.
Abraça e restaura com teu amor as marcas de tristeza, de dor, de perdas que possuo em minha vida.
Ajuda-me a escolher sempre o teu caminho, que é o caminho do amor.
Fica bem perto de mim.
Dá-me coragem e ilumina a minha vida para que eu possa iluminar com tua luz todos os que eu encontrar. Amém!

➡ NO LIVRO DO CATEQUIZANDO

↳ Orientar as atividades do livro do catequizando.

➡ NA NOSSA FAMÍLIA

↳ Conte para os seus familiares o que fizemos e o que você descobriu no encontro de hoje. Não deixe de contar o trecho que lemos do Evangelho.

↳ Rezar todos os dias a oração que se encontra no livro do catequizando.

18   O amor de Deus é sem medida

Este meu filho estava perdido e foi encontrado. (Lc 15,24)

Objetivos do encontro

- ☼ Reconhecer que Deus é um pai que ama sem medida seus filhos, não importando o que cada um é ou fez, perdoando sempre.

- ☼ Compreender que Deus espera a nossa conversão e o regresso para o seu amor, para uma vida com sentido.

- ☼ Entender que o mais importante é nos identificarmos com o pai, que é Deus mesmo, sendo compassivos e misericordiosos.

> O catequizando precisa compreender que o amor de Deus nos faz perceber que precisamos caminhar, crescer na experiência de amar. O importante é nos identificarmos com esse Deus, tendo também um coração amoroso e misericordioso.

Material necessário

- ↳ Providenciar a imagem do quadro "O Retorno do Filho Pródigo", do pintor Rembrandt. A imagem dessa pintura poderá ser pesquisada na internet e ser projetada no datashow ou impressa e colocada ao lado da Bíblia.

- ↳ Providenciar a música *Este pranto em minhas mãos*, de Carlos Alberto Navarro e Waldeci Farias (interpretação de Adriana Arydes). Pode ser pesquisada na internet. Se possível providenciar que todos tenham acesso à letra para cantar (cartaz, datashow, impressão...).

Preparação do ambiente

↳ Colocar sobre uma mesa uma toalha bonita, a vela acesa, flores e a Bíblia aberta.

↳ Colocar a imagem do quadro "O retorno do filho pródigo", de Rembrandt, em lugar de destaque para que todos vejam.

↳ Cadeiras em círculo ao redor da mesa.

↳ Combinar quem serão os catequizandos que irão participar da leitura do Evangelho. Definir quem será o narrador, o Pai, o filho mais moço e o filho mais velho.

↳ Agendar com o padre uma data para a Celebração do Sacramento da Confissão. Sugerimos que seja feita em uma celebração comunitária com absolvição individual, como a proposta de celebração no encontro 20.

PASSOS DO ENCONTRO

➡ OLHAR A NOSSA VIDA

Vamos olhar atentamente para esta imagem (mostrar ou projetar a imagem da pintura). Ela é uma obra de um pintor famoso chamado Rembrandt. O quadro se chama "O retorno do filho Pródigo". (Dar tempo para que olhem atentamente.) Quem aparece nesta pintura? (Ouvir.) É uma cena em uma casa. Há um homem mais velho, o pai, com as mãos nos ombros de um jovem muito mal vestido e pés descalços. Há outro homem em pé, bem vestido, provavelmente outro filho e mais velho. Ao lado aparece uma mulher que pode ser a mãe e empregados da casa olhando a cena.

É uma pintura linda e antiga, feita há mais de 400 anos. O pintor se inspirou na cena do Evangelho que hoje vamos ouvir.

➡ ILUMINAR A NOSSA VIDA

Jesus novamente narra a experiência de alguém que estava perdido. Vamos prestar atenção nos personagens que aparecem neste Evangelho.

📖 Com a Bíblia na mão, ler o Evangelho de Lc 15,11-32.

O filho "perdido", mais novo, decidido a buscar vida nova vai embora. Porém, quando se encontra em completo abandono, com ameaça de morte, volta a lembrar de casa e toma a decisão de retornar. O filho se dá conta da ternura e do amor do pai. O caminho de volta do filho perdido é um caminho de conversão, de mudança de vida, que se inicia quando? (Ouvir.) Quando ele toma consciência de seu erro, se arrepende, quer mudar. E porque acredita no amor do pai ele volta e pede perdão e recebe o perdão e o amor do pai.

O filho "fiel" deduzimos que tinha uma vida voltada para o trabalho duro, viveu na obediência, cumpridor dos seus deveres. A volta do irmão o surpreende enquanto está no campo cumprindo seus deveres, trabalhando. Ele fica desnorteado com a manifestação de amor do pai para com o irmão mais novo. Ele que se acha perfeito, cumpridor dos deveres, não tem compaixão pelo irmão.

O pai é idoso, deixa o filho mais moço livre para ir, mas corre ao encontro dele quando retorna. Em vez de manifestar ressentimento, sente-se comovido, tem compaixão; carinhoso, cobre aquele filho com abraços e beijos. Ao ouvir a confissão do filho não julga, não condena e não castiga. O pai é exagerado no perdão. Decidido prepara uma festa para celebrar o filho reencontrado que redescobriu o verdadeiro valor da vida.

O pai faz festa para o filho perdido e reencontrado, mas ama também aquele que ficou em casa ao seu lado e que deixou seu coração endurecer. Ele vai ao seu encontro, vai para pedir que participe da alegria do reencontro. Não deixa o filho mais velho na sua solidão e na sua rejeição. Não acusa seu pecado da inveja e do egoísmo.

Quem é o pai? Quem são os dois irmãos? (Ouvir.) Os filhos somos nós. Podemos descobrir em nós o "irmão mais velho", pois caímos fácil na queixa que envenena e no julgamento que fere as pessoas. Não conhecemos o quanto o pai ama, e o motivo claro desse amor é o perdão e a festa para aquele seu irmão perdido que se afastou e dissipou toda a herança e a honra da família. E o Pai acolhe, perdoa, faz festa, restitui o anel com o nome de família, dá de novo vestes e sapatos e, diante dos amigos e convidados, é reconciliado, fica restabelecida a sua dignidade, os seus direitos de filho daquele pai. Que paizão! Mas o irmão mais velho não o conhece bem. E, no entanto, todos temos também traços do filho mais novo e nos afastamos do amor de Deus. É um filho egoísta e narcisista. Esbanjou o que o pai lhe deu para satisfazer seus desejos egoístas.

O pai é o mesmo. É Deus misericordioso, que nos ama de maneira gratuita e absoluta, sem restrições. Nós somos chamados a nos identificar com o Pai, como Jesus. Precisamos tomar consciência de que sempre haverá, em nossa vida, etapas a serem superadas. Precisamos crescer sempre mais na direção do coração amoroso do Pai. Dito de outra maneira, necessitamos da conversão e de regressar ao Pai, que é Deus mesmo. Ser verdadeiro filho não é viver submetido ao Pai ou afastado dele, mas imitá-lo na sua compaixão, no seu amor, identificar-nos com Ele.

A parábola contada por Jesus nos faz ver que tanto o irmão mais novo como o irmão mais velho que existem em cada um de nós são amados sem medida pelo Pai, que é Deus mesmo. É um amor que nos faz perceber que nos resta um longo caminho a percorrer para compreender o quanto somos amados por esse Pai, que está sempre a nossa espera.

➡ NOSSO COMPROMISSO

Descubra o que há em você do irmão mais velho: distante do coração do pai, fechado na queixa amarga, zangado e incapaz de expressar um gesto de acolhida.

Descubra o que há do irmão mais novo em você: deixar-se levar por uma maneira individualista de ser, buscar o mais fácil, o mais cômodo, querendo satisfazer ou que outros satisfaçam suas vontades.

Olhemos no espelho de nossa consciência as atitudes que precisamos tomar, como filho mais moço ou o filho mais velho desse pai bom e misericordioso que é o nosso Deus. (Pedir silêncio.)

Recorde até o nosso próximo encontro, os passos do filho perdido. Tente colocar no seu coração aqueles sentimentos de conversão: reconhecer os erros, ter arrependimento, querer mudar de vida, pedir perdão a Deus e às pessoas que ofendemos ou magoamos, ou perdoar de coração se nos ofenderam.

➡ **CELEBRAR O NOSSO ENCONTRO**

Vamos cantar a oração do filho perdido que é também a nossa história e o nosso pedido de perdão a Deus.

Música: "Este pranto em minhas mãos" (Carlos Alberto Navarro e Waldeci Farias).

Façamos chegar a Deus nossas preces.

> **Todos: *Senhor Deus, Pai de amor e bondade, confiamos no teu amor.***
>
> 1. *Ó Deus, Pai querido e surpreendente, ajuda-nos a ser parecidos com o teu jeito carinhoso e bondoso.*
>
> 2. *Ó Deus, Pai misericordioso, acolha nossas fragilidades. Quando nos sentirmos perdidos, ajuda-nos a sempre encontrar o caminho do teu coração e do teu abraço.*
>
> 3. *Ó Deus, Pai de ternura, abraça nossas incompreensões. Ajuda-nos apesar de nossos pecados, a crescer sempre no amor.*
>
> Motivar preces espontâneas...
>
> Vamos rezar de mãos dadas, como irmãos, o Pai-nosso.

➡ NO LIVRO DO CATEQUIZANDO

Orientar as atividades do livro do catequizando. A primeira atividade poderá ser feita em pequenos grupos. As outras poderão ser feitas em casa.

➡ NA NOSSA FAMÍLIA

- Conte para os seus irmãos e seus pais a história do filho perdido ou filho pródigo que quer dizer, esbanjador, dissipador dos bens.

- Nesta semana, se estiver "de mal" ou aborrecido com alguém, tente ficar "de bem", esquecer tudo, como aquele pai da história de Jesus. Um gesto bom de amor pode consertar tudo.

19 | Um coração cheio de amor

Sede misericordiosos como vosso Pai é misericordioso
(cf. Lc 6,36).

Objetivos do encontro

- Identificar os passos para a conversão a Deus, nosso Pai, cheio de misericórdia.

- Compreender que podemos dar e receber o perdão de muitos modos, mas o Sacramento da Confissão é a Celebração da Reconciliação, do perdão incondicional de Deus.

- Conhecer as modalidades da Celebração da Confissão.

> O catequizando irá reconhecer os passos para a conversão e compreender os modos de dar e receber perdão. Mas, conhecerá melhor o Sacramento da Confissão e as modalidades de sua celebração.

Material necessário

↳ Providenciar:

- Faixas de papel Kraft (de um tamanho maior) com os passos de conversão. Uma faixa para cada passo.

- Fita crepe para colar os passos de conversão em lugar de destaque.

- a música "Este pranto em minhas mãos" (Carlos Alberto Navarro e Waldeci Farias - interpretação de Adriana Arydes). Pode ser pesquisada na internet. Se possível providenciar que todos tenham acesso à letra para cantar (cartaz, datashow, impressão...).

Preparação do ambiente

⤷ Preparar no chão do local do encontro uma toalha bonita, panos coloridos. Colocar a vela acesa, flores e a Bíblia aberta.

⤷ Cadeiras em círculo ao redor da toalha no chão.

Observação para o catequista:

- Considerar a possibilidade deste encontro ser desmembrado em dois. Por exemplo, em um segundo encontro fazer as atividades propostas no livro do catequizando e conversar sobre elas, sobretudo fazer a partilha da carta que foi pedida para ser escrita. Poderá ser partilhada com o grupo, que novamente reza o Ato de Contrição no final.

- Cuidar para não dizer que o Sacramento da Reconciliação é condição para participar da Eucaristia. A catequese, muitas vezes, vinculou necessariamente um ao outro e passou a ideia de que "temos de fazer a confissão para comungar", dando a impressão de que o Sacramento da Reconciliação só existe por causa da comunhão eucarística. Isto é um equívoco. Neste encontro queremos valorizar o belo sentido do Sacramento da Reconciliação.

PASSOS DO ENCONTRO

➡️ **OLHAR A NOSSA VIDA**

Quem se lembrou de contar em casa a história do pai e seus dois filhos? Contaram em casa? (Ouvir.) Quem também refletiu sobre em que é parecido com o irmão mais velho e o irmão mais novo. (Ouvir a partilha.)

O filho mais novo viveu alguns passos de conversão, ou seja, se afastou do amor do pai e de seu irmão, estava perdido, mas reencontrou o caminho da casa do pai. Vamos recordar que passos de conversão ele deu.

O primeiro passo foi quando ele "caiu em si". O que quer dizer "cair em si"? (Ouvir.) Tomou consciência do seu erro, reconheceu que agiu mal, saindo de casa, esbanjando os bens do pai e vivendo de um modo que não era de acordo com o que aprendera de seu pai. Então, o **1º passo: Reconheceu que errou**. (Colocar a ficha em local bem visível.)

Pensando no amor e na bondade do pai com todos e com os empregados da casa, aquele filho se sentiu ingrato com o pai e ficou arrependido de ter agido daquele jeito.

2º passo: **Arrependeu-se**. (Colocar a segunda ficha.)

E daí, o que resolveu fazer? (Ouvir.) Ir ao encontro do pai e pedir perdão, prometer que voltaria a viver com ele como um empregado, pois nem merecia ser chamado de seu filho.

3º passo: Pediu perdão ao pai. (Colocar a terceira ficha.)

4º passo: Prometeu não se afastar mais do pai. (Colocar a quarta ficha.)

E o pai perdoou, deu umas broncas? (Ouvir.) Perdoou tudo, fez uma festa, comemorando a volta do filho e restituindo-lhe o direito de filho, e filho amado. Deu-lhe o anel.

Então, o **5º passo, da contrição, da conversão e o perdão do pai**, a absolvição do pecado e da culpa. (Colocar a quinta ficha.) E o filho recuperou o amor do pai e os direitos de filho, de membro daquela família.

Esses sentimentos de conversão precisam estar sempre no coração do cristão: reconhecer os erros, ter arrependimento, querer mudar de vida, pedir perdão a Deus e às pessoas que ofendemos ou magoamos, ou perdoar de coração se nos ofenderam.

➡ ILUMINAR A NOSSA VIDA

Nós vimos que esse pai da parábola contada por Jesus é Deus, que nos perdoa sempre. Quem nos ensina isso é Jesus, o filho amado de Deus, a quem Ele chamava carinhosamente de papai.

O Apóstolo Filipe intrigado de tanto ouvir Jesus falar do Pai, seu Pai, Pai nosso, Pai justo, Pai santo, chegou perto de Jesus e pediu-lhe: "Senhor, mostre-nos o Pai". E Jesus respondeu-lhe: "Filipe, quem me vê, vê o Pai. Há tanto tempo estamos juntos e você não conhece o Pai?" (cf. Jo 14,8-9). De fato, a gente pode chegar a conhecer um pai pelo seu filho. Como? (Ouvir.) Se é parecido em alguns aspectos, observando como o filho trata o pai e o ama. O que aprendeu do pai e faz no dia a dia; pela descrição, pelos casos vividos com o pai, não é assim? Com Jesus foi assim também. Sua presença no meio dos homens, o acolhimento, as curas, o perdão, a palavra, a vida doada, levou as pessoas a exclamarem: "Deus nos visitou. Nunca vimos uma coisa assim. Um grande profeta apareceu entre nós". "Tu és filho de Deus vivo!"

Os fariseus, os chefes religiosos rejeitaram Jesus como já vimos. Eles não aceitavam o ensinamento sobre "perdoar a todos, até os inimigos". E o próprio Jesus perdoar aquelas pessoas que eles diziam "pecadoras", "excluídas", para eles era blasfemar, era ofender a Deus, porque só Deus pode perdoar os pecados. Mas Jesus, de muitos modos, fala do perdão de Deus e mostra isso perdoando, Ele mesmo, os pecados das pessoas. Vamos recordar agora uma outra passagem do Evangelho na qual Jesus nos diz para sermos misericordiosos como nosso Pai, que é Deus, o é.

📖 Com a Bíblia na mão ler o Evangelho de Lc 6,27-38.

Todos os pedidos de Jesus se resumem nisto: "Sede misericordiosos como vosso Pai é misericordioso". Ser misericordioso inclui não julgar, não condenar. Implica também perdoar para ser perdoado.

Jesus nos mostra que Deus, o seu e nosso pai, não é um juiz que controla, manda, vigia, mas Ele é misericórdia, é bondade sem limites. O Deus misericordioso cria em nós um coração novo, feito de acordo com o Seu, capaz de misericórdia. A misericórdia é também a mais humana das virtudes. Ela revela a natureza do Deus que é Pai de infinita bondade, mas também revela igualmente o lado mais luminoso de nós seres humanos. Ser misericordioso nos torna parecidos com Deus, nosso Pai. Ser misericordioso nos faz mais humanos.

No entanto, todos nós precisamos do perdão de Deus, do seu abraço de alegria quando, depois de escolher o pecado, nos arrependemos e retomamos o caminho do amor nos mesmos passos vividos pelo "filho mais novo". E a Igreja realiza uma celebração do perdão de Deus, a certeza da paz e da reconciliação. Quem sabe o nome dessa celebração? (Ouvir.) "Sacramento da Penitência ou Reconciliação ou Confissão". São todos nomes para o mesmo sacramento em que revivemos os mesmos passos de conversão do filho mais novo da Parábola do filho pródigo.

Nós podemos dar e receber o perdão de muitos modos:

a. Posso dizer a alguém: "Desculpe-me, foi sem querer. Perdoe-me". E a pessoa responde: "Está perdoada, está desculpada".

b. Posso pedir e dar perdão por meio de um gesto ou atitude que mostre o meu arrependimento e a minha disposição de estar bem com aquela pessoa que ofendi, ou que me ofendeu. Por exemplo: peço-lhe ou faço-lhe um favor, convido para brincar ou estudar comigo, reparto com ela meu lanche, empresto um objeto etc. E tudo vai ficando bem.

c. Por atos de caridade e esmola.

d. Amar. O amor cura todas as ofensas.

e. A oração e celebração da Palavra de Deus. A Leitura diária da Palavra de Deus também nos reconcilia com Deus.

f. A Igreja celebra o perdão incondicional de nosso Deus no **Sacramento da Confissão**, quando recebemos a absolvição dos nossos pecados. Isso se faz de duas maneiras:

- **Confissão individual:** quando me confesso sozinho, individualmente, com o padre em um lugar adequado. Ele ouve meu reconhecimento de que errei, conto em que, quando e porque me distanciei do amor de Deus. Narro o que fiz e que indica que não amei, foi um gesto ou um ato de desamor. O padre me aconselha e me absolve; depois rezamos o Ato de Contrição que é uma oração de arrependimento e perdão.

- **Confissão comunitária:** quando as pessoas, reunidas em uma celebração especial com o padre, refletem sobre a Palavra de Deus, fazem o exame de consciência, seu propósito de ser melhor e, arrependidos, pedem perdão a Deus, rezando a oração de arrependimento e perdão. O padre, então, dá a absolvição geral, o perdão de todos os pecados; ou, então, dá a absolvição individualmente.

Sabemos que o Sacramento da Penitência ou Confissão é uma celebração de fé de quem conhece e acredita na presença de Jesus que, através de sua Igreja, continua nos perdoando. O padre representa a Igreja como comunidade reunida por Deus na fé em Jesus ressuscitado. O padre é sinal e mediador da bondade e da misericórdia de Deus.

Em qualquer destes modos de se confessar, se somos conscientes, se somos sinceros, temos a certeza de que Deus nos perdoou e podemos experimentar a alegria de uma grande paz no coração. O padre pode repetir para nós, como Jesus: "Vá em paz, seus pecados estão perdoados" (Lc 7,48.50). Deus nos acolhe de braços abertos. Este sacramento é um convite à reconciliação, a conversão contínua e faz crescer em nós a consciência do quanto ferimos a amizade, o amor e a comunhão com Deus e com as pessoas.

➡ **NOSSO COMPROMISSO**

Vocês topam participar deste sacramento do perdão? (Ouvir, tirar dúvidas e medos.)

Fique atento, durante esta semana, para não deixar passar nenhuma oportunidade de perdoar ou pedir perdão quando houver erro ou ofensa.

Reze todos os dias, antes de dormir, o Ato de Contrição (a oração se encontra no livro do catequizando).

Vamos combinar com o padre uma data para a Celebração da Confissão. (Se já estiver agendada, basta comunicar a data.)

➡ CELEBRAR O NOSSO ENCONTRO

Em silêncio vamos refletir sobre atos, gestos, atitudes que fizemos e que revelam falta de amor. Um pequeno ato, seguido de outro e outro, pode nos levar bem longe do caminho para Deus, nosso Pai. Então precisamos pensar em que e quando poderia ter amado mais e não amei, para evitar continuar se perdendo. (Silêncio.)

Agora rezemos juntos o **Ato de Contrição**, nossa oração de arrependimento e perdão.

(A oração está no livro do catequizando.)

> *Querido Deus, és infinitamente bondoso e misericordioso. Eu te amo e estou arrependido de ter me desviado do teu amor. Peço humildemente o teu perdão pelos meus pecados.*
>
> *Dá-me a graça de firmemente voltar a seguir o caminho do Amor e não te ofender e magoar, nem a ninguém mais. Amém!*

Música: "Este pranto em minhas mãos" (Carlos Alberto Navarro e Waldeci Farias).

➡ NO LIVRO DO CATEQUIZANDO

Orientar as atividades do livro do catequizando. A atividade 1 pode ser feita em pequenos grupos.

➡ NA NOSSA FAMÍLIA

↳ Converse em particular com a mamãe ou outra pessoa muito sua amiga, pedindo que lhe mostre as atitudes e coisas boas que você tem para crescer sempre mais; e aquelas em que você deveria mudar ou corrigir. E siga os conselhos que lhe derem.

↳ Comente em casa o que descobriu sobre o Sacramento da Confissão.

↳ Se possível reze o Ato de Contrição junto com alguém de sua família. Pode ser só com a mamãe, ou a vovó, ou um irmão ou irmã maior, ou amiga, ou madrinha.

↳ Convidar os pais para participarem da Celebração da Reconciliação (onde for possível).

20   Celebração da Reconciliação

O vosso Pai que estais no céu não quer que nenhum destes pequeninos se perca. (Mt 18,14)

Objetivo da celebração

☼ Realizar a confissão comunitária com absolvição individual.

Material necessário

↳ Providenciar as músicas:

- "Este pranto em minhas mãos", de Carlos Alberto Navarro e Waldeci Farias; "Pelos prados e campinas", de Fr. Fabreti e J. Thomaz Filho; "És água viva", do Pe. Zezinho. Todas podem ser pesquisadas na internet. Se possível providenciar que todos tenham acesso à letra para cantar (cartaz, datashow, impressão...). Se a celebração for na igreja da comunidade, pedir ajuda da equipe de liturgia da Paróquia.

- Providenciar vasilhas pequenas com água e raminhos verdes para a aspersão.

- Círio Pascal.

- Flores.

- Cruz.

Observação: Se não for possível realizar a Confissão comunitária com absolvição individual, adaptar esta celebração para ser feita no local do encontro catequético e agendar a Confissão individual para outro local e data.

Preparação do ambiente

↳ Organizar o local da celebração dando destaque ao Círio Pascal, à Cruz e à mesa da Palavra.

↳ Enfeitar com flores.

↳ Cadeiras em círculo. (Se a celebração não for na igreja da comunidade.)

PASSOS DA CELEBRAÇÃO

1. Acolhida

Canto: "Pelos prados e campinas" (Fr. Fabreti e J. Thomaz Filho).

Padre: Em nome do Pai e do Filho e do Espírito Santo.

Todos: Amém!

Padre: Que a graça do Senhor Jesus Cristo esteja convosco!

Todos: Bendito seja Deus que nos reuniu no amor de Cristo!

Catequista: É uma alegria acolher a cada um de vocês. Queremos celebrar o amor de Deus que nos reconcilia. Deus é misericordioso e está sempre a espera para nos abraçar com amor, apesar do nosso egoísmo, nosso desamor e pecado. Com alegria, vamos acolher a Palavra de Deus e colocá-la no meio de nós.

2. Proclamação da Palavra

Canto de Aclamação (acolher a Palavra de Deus)

📖 Evangelho de Mt 18,12-14.

Reflexão

Nosso Deus ama a cada um de nós. Não teríamos nunca tido a coragem de acreditar nisto se não tivéssemos conhecido Jesus. Esta história da ovelha perdida e encontrada, bem como a do pai misericordioso que reencontra e faz festa porque o filho perdido foi reencontrado, nos mostram que Deus ama sempre e pacientemente. Ele vai em busca da ovelha perdida e aceita a enorme falta de gratidão de um filho que saiu de casa e esbanjou sua herança. É Jesus quem revela o coração de Deus, que é um pai próximo dos seus filhos, cheio de compaixão e ternura.

Deus vem ao nosso encontro em nossas fraquezas, nossas feridas, nossas limitações, nosso pecado. Ele nos abraça carinhosamente e nos ajuda a acolher tudo o que em nós está perdido. Ele nos ajuda a reencontrar o caminho do amor e a nossa verdadeira identidade de filhos e filhas dele, amados com um amor em excesso. Como aquele "filho perdido" e reencontrado vamos fazer nossa revisão de vida e trilhar os passos da conversão.

3. Revisão de vida

(Colocar a cruz em lugar de destaque.)

Padre: Estamos diante da misericórdia infinita do Pai que nos acolhe, nos ama, nos perdoa. Aproximemo-nos sem medo desse Pai, como o filho pecador que voltou, com intensa confiança. Somos seu povo, o seu rebanho. Ele é nosso pastor, Ele é nosso Deus!

Todos: Senhor, tende piedade de nós!

Padre: Em silêncio por uns minutos vamos contemplar a cruz de Jesus. Ele que nos amou tanto, a ponto de dar a vida por nós, quer que cada um de nós seja encontrado, amado, perdoado. Pensemos em tudo aquilo que fizemos e que nos desviou do amor e causou sofrimento ou prejudicou outra pessoa, a nós mesmos, e também nos distanciou de Deus.

(Silêncio...)

4. Confissão

Padre: (Olhando para a Cruz.)

Nós te buscamos e queremos ser encontrados, ó Deus.

Em ti encontramos amor, porque Tu és o Deus de amor.

Em ti encontramos paz, porque Tu és a nossa paz.

Em ti encontramos a vida, porque Tu és vida verdadeira.

Todos: Ó Deus, nós te adoramos e suplicamos:

Padre: Liberta-nos de tudo o que nos distancia de nós mesmos,

Liberta-nos de tudo o que provoca distância dos outros,

Liberta-nos do egoísmo e do individualismo, que nos consome por dentro.

Liberta-nos das nossas certezas e arrogâncias.

Liberta-nos dos nossos medos.

Liberta-nos dos nossos preconceitos que discriminam os outros.

Liberta-nos das mentiras e da mania que temos de nos acharmos melhores do que os outros.

Liberta-nos do ódio, da inveja e de tudo que causa violência e discórdia.

Liberta-nos de tudo o que provoca distância de ti, nosso Deus e Senhor.

Todos: Tem misericórdia de nós, Senhor! PERDOA-NOS! (3 vezes)

Padre: Ajuda-nos, Senhor, a reencontrar o teu abraço de amor, cuidado e compaixão.

Permita-nos reencontrar nossa beleza interior, a certeza de sermos teus filhos e filhas amados.

Ajuda-nos a assumir a missão de anunciar ao mundo o teu Reino, o teu Amor, a tua Misericórdia para sempre!

Todos: Amém. Amém. Amém!

Padre: Rezemos, suplicando que o Senhor nos livre de todo mal. Pai nosso...

5. Absolvição individual

(A acusação dos pecados e absolvição serão personalizadas.)

Música: "Este pranto em minhas mãos" (Carlos Alberto Navarro e Waldeci Farias).

(Outros refrões meditativos também poderão ajudar a manter um clima de reflexão.)

6. Ato de Contrição

> *Querido Deus, és infinitamente bondoso e misericordioso. Eu te amo e estou arrependido de ter me desviado do teu amor. Peço humildemente o teu perdão pelos meus pecados.*
>
> *Dá-me a graça de firmemente voltar a seguir o caminho do Amor e não te ofender e magoar, nem a ninguém mais. Amém!*

7. Compromisso

Padre: Nossa atitude como pessoas reconciliadas pelo amor de Deus será a de espalhar muitos sorrisos e abraços. Um gesto de acolhida, um abraço, um sorriso podem fazer toda diferença na vida de uma pessoa. Então nosso compromisso é esse: espalhar sorrisos e abraços, sobretudo para as pessoas que estão tristes ou sofrendo. Reze também o Pai-nosso, durante a semana, pedindo a Deus que te ajude a ser o sinal do amor de Deus.

8. Bênção da água

Padre: Senhor Deus, fonte de toda compaixão, derrame a vossa bênção sobre esta água. Fazei que ela seja para nós símbolo do perdão dos nossos pecados e da alegria de sermos batizados. Por Cristo Nosso Senhor.

Todos: Amém.

Música: "És água viva" (Pe. Zezinho).

(Enquanto o celebrante faz a aspersão da assembleia.)

9. Bênção final

Padre: Ó Deus, todo amor e compaixão, renove em nós o desejo de transformar nosso mundo em seu Reino de Amor e nos abençoe agora e sempre. Por Cristo Nosso Senhor.

Todos: Amém.

Jesus
→ o pão da vida

21 Façam isto para celebrar a minha memória

Tomai e comei, isto é meu Corpo; tomai e bebei, isto é meu Sangue. (cf. 1Cor 11,24)

Objetivos do encontro

- ☼ Recordar o sentido da última ceia de Jesus.

- ☼ Compreender que a Eucaristia é a memória da Ceia do Senhor.

- ☼ Destacar que a Eucaristia é Ação de Graças, memória do sacrifício de Jesus que doou a vida por amor.

> O catequizando precisará compreender que em cada celebração da Eucaristia se torna atual o sacrifício de Jesus: comer o pão e beber o sangue do Senhor, unindo-nos a Ele no seu ato de doação extrema.

Material necessário

- ↳ Providenciar pequenas fichas de papel com os nomes dados ao Sacramento da Eucaristia: Eucaristia, Ceia do Senhor, Fração do Pão, Assembleia Eucarística, Memorial, Santo Sacrifício, Comunhão, Santa Missa, Aliança, Cordeiro Pascal, Reunião, Refeição, Banquete fraterno, Páscoa, Santíssimo Sacramento, Sinal de Reconciliação Universal.

- ↳ Providenciar um pão grande (se possível redondo) e um cálice ou jarra com suco de uva.

- ↳ Selecionar a música "O pão da vida" (José Weber). Pode ser pesquisada na internet. Se possível providenciar que todos tenham acesso à letra para cantar (cartaz, datashow, impressão...).

Preparação do ambiente

⤶ Preparar no chão do local do encontro uma toalha bonita ou vários panos coloridos. Colocar a vela acesa, flores, a Bíblia aberta, o pão e a jarra com suco de uva.

⤶ Cadeiras em círculo ao redor da toalha no chão.

PASSOS DO ENCONTRO

➡ OLHAR A NOSSA VIDA

Na família, vocês se reúnem aos domingos para almoçar juntos, quando possível? (Ouvir.) E nos momentos especiais como aniversário de alguém, há festa ao redor da mesa? (Ouvir.)

Geralmente as pessoas costumam se encontrar para comer e conversar, partilhar a vida. Ao redor da mesa de refeição muitas histórias são contadas, muitas vidas são partilhadas. Ao redor da mesa celebram-se conquistas marcantes de alguém como o luto, os nascimentos. Mas, é ao redor da mesa que vamos criando familiaridade, vamos estreitando os laços com os membros da família ou com os amigos. Na partilha da mesa vamos nos revelando, criando intimidade, criando cumplicidade. Mas, a mesa de uma família também pode ser o lugar o qual revele que as pessoas não conversam, que tem alguém que brigou com outro. Como é na família de vocês? (Ouvir.)

➡ ILUMINAR A NOSSA VIDA

Na Bíblia a refeição é sinal de amizade, hospitalidade, paz e perdão, presença de Deus. É sinal da Aliança de Deus com seu povo: é sinal do Reino. Toda refeição tem algo de sagrado.

Nos evangelhos também descobrimos que, para Jesus, a refeição é muito importante. Para Ele, cada refeição é sinal da vinda do Reino, da alegria que a vida deve ser. Jesus partilha as refeições com os pecadores, causando escândalo aos judeus. Mas, Ele quer mostrar que o Reino é também para os pecadores. Até depois da ressurreição, Jesus se dá a conhecer através de refeições. Vocês se lembram dos discípulos de Emaús? (Ouvir.)

A última refeição de Jesus passou a ser muito especial. Foi uma ceia pascal. É a refeição da despedida, onde Ele pede: "Façam isto em memória de mim" (1Cor 11,24b). Nós já vimos o sentido da última ceia. Vocês se lembram? (Ouvir e fazer memória do encontro 3.) Vamos ouvir o que Ele diz nesta última ceia.

📖 Com a Bíblia na mão ler 1Cor 11,23b-25.

Jesus deu um novo sentido ao pão e ao vinho. Na língua dos judeus, "corpo" significa a pessoa toda, Jesus quis dizer: *Sou eu que vou ser crucificado por vocês*. No fim da ceia tomou o vinho e explicou o sentido: *Este vinho é o sangue da nova e eterna aliança, que será derramado por vocês*. Jesus quer dizer que assim como o sangue do cordeiro libertou os israelitas da escravidão, o seu sangue libertará da escravidão do pecado. O sangue de Cristo selará a Nova Aliança concluída na cruz.

Logo após a morte e ressurreição de Jesus, os primeiros cristãos faziam memória da Ceia e a denominaram de Eucaristia, que significa "Ação de Graças". Era ao redor da mesa, recordando os mesmos gestos de Jesus, que a comunidade dos discípulos de Jesus, a Igreja, se reunia para partir o pão e dar graças.

A Eucaristia é, então, memória da Ceia do Senhor. O que Jesus fez na última ceia, Ele o faz de novo com seu povo reunido, a cada domingo (ou a cada dia): toma o pão e o vinho, dá graças, parte o pão e distribui, entrega o cálice para todos beberem, em sinal da nova e eterna aliança, em sinal da libertação pascal. O Senhor Jesus ressuscitado está presente sob as aparências do pão e do vinho, que se transformam ambos no seu Corpo e no seu Sangue: a santa ceia é o sacramento do pleno encontro com Ele.

Até hoje, em cada celebração da Eucaristia, também chamada Missa, fazemos memória e se torna atual o sacrifício de Jesus que doou a vida por amor. É o sentido da comunhão: comer o pão e beber o sangue do Senhor, unindo-nos a Ele no seu ato de doação extrema.

➡ NOSSO COMPROMISSO

Vamos participar da Celebração da Eucaristia, a Missa, com mais atenção a tudo que acontece durante a celebração. Preste atenção nas partes da Celebração.

(O catequista pode combinar com o grupo de catequizandos de participar da Missa juntos, em um mesmo horário.)

➡ CELEBRAR O NOSSO ENCONTRO

Distribuir as fichas com os diferentes nomes dados à Eucaristia para os catequizandos. Em duplas, cada catequizando exprimirá em poucas palavras o que entende pelo termo recebido. Em seguida, as duplas fazem uma partilha com o grande grupo.

Vamos fazer uma oração que pode ser de ação de graças ou de pedido de perdão a partir desse nome relacionado com a Eucaristia que você comentou. Em seguida, coloque o nome da Eucaristia ao redor do pão.

(O catequista pode começar, por exemplo: "Senhor, que possamos em toda missa celebrar a **comunhão** e viver a comunhão no dia a dia.)

A cada prece digamos: **"Senhor, escuta a nossa prece"**.

> Rezemos juntos, de mãos dadas, a oração do Pai-nosso, pedindo pão, sobretudo para os que passam fome.

Partilhar o pão e o suco.

Música: "O pão da vida" (José Weber).

➡ NO LIVRO DO CATEQUIZANDO

Orientar as atividades do livro. As atividades propostas podem ser feitas em pequenos grupos. Fazer um plenário no final. Motivar os catequizandos a realizar um momento de ação de graças, escrevendo um bilhete a Jesus sobre o que desejam agradecer.

➡ NA NOSSA FAMÍLIA

↳ Contar em casa o que descobriu sobre a Eucaristia.

↳ Conversar sobre o que podem fazer para valorizar as refeições em família.

22 — Tornar-se pão

Tomou o pão, deu graças e o partiu. (cf. Lc 22,19)

Objetivos do encontro

☀ Aprofundar o sentido da Eucaristia a partir da Liturgia eucarística.

☀ Compreender o que significa tornar-se pão, comunhão, "eucaristia".

> O catequizando precisa compreender o significado dos gestos de Jesus na última ceia: tomou o pão, deu graças, partiu o pão. Que toda nossa vida seja "eucaristia", seja "ação de graças" a Deus. Que toda nossa vida seja pão.

Material necessário

↳ Providenciar um pão grande (se possível redondo).

↳ Selecionar a música "A passagem" (Pe. Francys Silvestrini Adão, SJ.). Pode ser pesquisada na internet. Se possível, providenciar que todos tenham acesso à letra para cantar (cartaz, datashow, impressão...).

Preparação do ambiente

↳ Preparar no chão do local do encontro uma toalha bonita ou vários panos coloridos. Colocar a vela acesa, flores, a Bíblia aberta, o pão.

↳ Cadeiras em círculo ao redor da toalha no chão.

Observação para o catequista: o "olhar a nossa vida", neste encontro, será após o momento do "iluminar a nossa vida" para que o catequizando possa refletir sobre sua vida a partir da Eucaristia.

PASSOS DO ENCONTRO

➡ ILUMINAR A NOSSA VIDA

Hoje nós vamos aprofundar ainda mais o sentido da Eucaristia. Começo novamente lendo um versículo da narrativa da última ceia de Jesus. Depois vamos refletir cada gesto de Jesus.

📖 Com a Bíblia na mão ler o Evangelho de Lc 22,19.

Na Celebração da Eucaristia esses gestos mencionados por este versículo estão na Liturgia eucarística, que acontece após a Liturgia da Palavra. Vamos conhecer o seu significado.

Ele TOMOU o pão...

> *"Jesus tomou o pão", na Liturgia eucarística corresponde à preparação das oferendas, uma prece quando o padre fazendo memória do gesto de Jesus eleva o pão e, depois, o vinho, dizendo:*
>
> *"**Bendito** sejais, **Senhor**, Deus do Universo, pelo pão (vinho) que recebemos da Vossa **bondade**, fruto da **terra** (videira) e do **trabalho humano**: que agora vos **apresentamos** e que para nós **se vai tornar** o Pão da vida (Vinho da Salvação)".*

O pão e o vinho representam nossa alegria de viver, criar, trabalhar, conviver, mas também nossa dor, humilhação, sofrimento... Levamos ao altar o pão e o vinho e neles outros dons que representam nossa vida recebida das mãos de Deus. Nossa vida que é dom é apresentada ao Senhor no altar e tudo é consagrado a Deus.

Pronunciou a BÊNÇÃO de AÇÃO DE GRAÇAS

Corresponde a Oração Eucarística, que é a grande "Ação" de Graças, que o padre reza em nosso nome, ou seja, em nome da comunidade reunida. Ficamos em torno da mesa do Senhor para a ação de graças sobre o pão e o vinho. Esta oração tem várias partes, destaco a introdução chamada prefácio e a memória da última ceia de Jesus, assim narrada:

> Estando para ser entregue e abraçando livremente a paixão, ele **tomou** o pão, **deu graças**, e o **partiu** e **deu** a seus discípulos, dizendo:
>
> TOMAI, TODOS, E COMEI: ISTO É O MEU CORPO, QUE SERÁ ENTREGUE POR VÓS
>
> Do mesmo modo, **ao fim da ceia**, Ele tomou o cálice em suas mãos, deu graças novamente, e o deu a seus discípulos, dizendo:
>
> TOMAI, TODOS, E BEBEI: ESTE É O CÁLICE DO MEU SANGUE, O SANGUE DA NOVA E ETERNA ALIANÇA, QUE SERÁ DERRAMADO POR VÓS E POR TODOS PARA A REMISSÃO DOS PECADOS. FAZEI ISTO EM MEMÓRIA DE MIM.

O ponto alto desta ação de graças é o momento da elevação do pão e do vinho, no final da oração eucarística: *Por Cristo, com Cristo e em Cristo, a vós, Deus Pai todo-poderoso, na unidade do Espírito Santo, toda honra e toda glória, agora e para sempre. AMÉM!*

Ele o PARTIU...

Corresponde aos Ritos de Comunhão quando rezamos assim:

> *1. Livrai-nos de todos os males... dai-nos hoje a vossa **Paz**... Sejamos sempre livres do **pecado**...*
>
> *2. Senhor Jesus Cristo... Eu vos dou a minha **Paz**. Não olheis os nossos **pecados**, mas a fé que anima vossa Igreja...*
>
> *3. Cordeiro de Deus, que tirais o **pecado** do mundo, tende piedade de nós... Dai-nos a **Paz**!*

Neste momento acontece a partilha do pão, a distribuição da comunhão. Vamos tomar o pão e o vinho em sinal da nossa comunhão com o Senhor e entre nós. Comunhão de missão, comunhão de vida. Então, comungar significa assumir o projeto de Jesus como nosso apesar das nossas limitações, das nossas fragilidades. Comer o pão e o vinho da bênção eucarística precisa ir nos transformando em louvor, em ação de graças. Que toda nossa vida seja "eucaristia". Que toda nossa vida seja pão, vida doada, como foi a vida de Jesus. Que toda nossa vida seja comunhão. Este é o sentido.

➡️ **OLHAR A NOSSA VIDA**

↳ A PARTIR DA EUCARISTIA

Os gestos de Jesus na Eucaristia também precisam nos inspirar a:

1. **TOMAR a nossa vida:** ou seja, assumir a vida com tudo o que a gente é, com nossas fragilidades e belezas, nossa história com seus momentos tristes e outros felizes. Também assumir nossos sonhos, nossas inseguranças e medos. Tudo isso é a vida. A vida é presente, é dom de Deus.

2. **DAR GRAÇAS:** reconhecer o bem em tudo o que temos recebido. A Ceia do Senhor precisa despertar em nós um estilo de vida, um jeito de ser repleto de agradecimento a Deus por tudo, alegria e dor, o doce e o amargo, acolhendo tudo como dom.

3. **PARTIR:** nossa vida só tem sentido e alegria quando é também "partida", partilhada, doada. Partir o pão e o vinho da fraternidade.

4. **DAR:** doar tudo, segundo as condições e necessidades do outro. Dar de si e do que tem para a vida do outro. Ser comunhão na vida da família e dos amigos neste mundo tão cheio de injustiças, fome, ganância, destruição do planeta.

➡ NOSSO COMPROMISSO

Nossas atitudes, atividades e ações do dia a dia vão testemunhar se somos sensíveis ao grande mistério de um Deus feito pão, Eucaristia.

Como cristãos não podemos participar da mesa da Eucaristia e ficarmos indiferentes diante da falta de pão na mesa de muitos de nossos irmãos. Como podemos ajudar a diminuir a fome?

(Ouvir e sugerir alguma ação concreta da turma, seja arrecadando alimentos ou roupas para uma pastoral que atende famílias carentes da paróquia.).

➡ CELEBRAR O NOSSO ENCONTRO

Música: "A passagem" (Pe. Francys Silvestrini Adão, SJ).

A Oração Eucarística para a missa com crianças é muito linda e, se prestarmos atenção, ela explicita em síntese aquilo tudo que refletimos. Vamos rezar alternadamente uma parte.

(A oração está no livro do catequizando.)

Todos: *Muito obrigado porque nos criastes, ó Deus. Querendo bem uns aos outros viveremos no vosso amor. Vós nos dais a grande alegria de encontrar nossos amigos e conversar com eles. Podemos assim repartir com os outros as coisas bonitas que temos e as dificuldades que passamos.*

Catequista: *Sois santo, ó Pai. Amai todas as pessoas do mundo e sois muito bom para nós. Agradecemos, em primeiro lugar, porque nos destes vosso Filho Jesus Cristo. Ele veio ao mundo porque as pessoas se afastaram de vós e não se entendem mais. Jesus nos abriu os olhos e os ouvidos para compreendermos que somos irmãos e irmãs da família em que sois o nosso Pai. É Jesus que agora nos reúne em volta desta mesa para fazermos bem unidos o que na ceia fez com seus amigos.*

Todos: *Estamos alegres, ó Pai, e vos agradecemos.*

(Oração Eucarística para missa com crianças III.)

Partilhar o pão e pedir que segurem o seu pedaço.

Rezemos mais uma vez a oração do Pai-nosso, pedindo que Deus nos ajude a ser pão, a ser comunhão e nos dê o pão de cada dia. Pai nosso... (Cada um come seu pedaço de pão.)

➡ NO LIVRO DO CATEQUIZANDO

Orientar as atividades do livro que poderão ser feitas em pequenos grupos. Depois fazer um plenário.

➡ NA NOSSA FAMÍLIA

↳ Comente com seus familiares o que significa tornar-se pão. Comente também quais os gestos de Jesus na última ceia estão presentes na Eucaristia.

23 Preparem a Ceia: do pão, do serviço, do amor!

Se eu, o Senhor e Mestre, vos lavei os pés, também deveis lavar-vos os pés uns dos outros. (cf. Jo 13,14)

Objetivo do encontro

💡 Compreender que participar da Eucaristia é viver o amor-serviço aos irmãos.

> O catequizando descobre que no lava-pés Jesus nos apresenta a missão de todo aquele que quiser segui-lo: viver o amor-serviço, dar-se. Isso é Eucaristia.

Material necessário

↳ Providenciar:

- Bacia e jarra com água para lavar os pés dos catequizandos.
- Mais de uma toalha para secar os pés.
- Toalha ou panos coloridos.
- A música "Jesus erguendo-se da Ceia" (Hinário Litúrgico da CNBB). Pode ser pesquisada na internet. Se possível providenciar que todos tenham acesso à letra para cantar (cartaz, datashow, impressão...).

Preparação do ambiente

↳ Preparar no chão do local do encontro uma toalha bonita ou vários panos coloridos. Colocar a vela acesa, flores, a Bíblia aberta, a bacia, a jarra com água e a tolha.

↳ Cadeiras em círculo ao redor da toalha no chão.

⤷ A leitura do Evangelho pode ser dialogada e o catequista precisa escolher quem irá participar da leitura.

PASSOS DO ENCONTRO

➡ **OLHAR A NOSSA VIDA**

Vou contar uma pequena história para começarmos nosso encontro.

> Nuno e a fome de pão
>
> Lucimara Trevizan
>
> Nuno era um menino que engraxava sapatos no bairro. Como a situação em casa estava difícil, ele abandonou a escola para tentar conseguir algum dinheiro engraxando sapatos. Mas, ganhava muito pouco, a maior parte ia para o dono da caixa de engraxar sapatos. Em uma noite, voltando para casa, Nuno passou em frente a uma padaria e viu os pães na cesta, eram baguetes grandes e seu estômago reclamou de fome. Pensou nos seus irmãos em casa. Nunca havia feito aquilo, mas com a padaria cheia de gente entrou e deu um jeito de pegar uma baguete de pão sem pagar. Aquele pão foi a única coisa que ele e os dois irmãos comeram naquela noite.
>
> Dona Vera, que era a dona da padaria, notou o engraxate da pracinha do bairro na tarde seguinte olhando as baguetes de pão e lhe deu três. Ele lhe disse que não merecia porque na noite anterior pegou uma baguete sem pagar. Dona Vera sorriu e perguntou a Nuno se ele queria um emprego. Ele se assustou. Ela lhe disse que precisava de um funcionário honesto como ele. E foi assim que ele virou entregador de pão, depois padeiro e, muitos anos depois, dono de uma padaria. Quem nela entra vai encontrar um grande cesto de pão destinado a quem foi um dia como Nuno e precisa de algo para matar a fome de comida e de oportunidades.

Por que o Nuno precisou engraxar sapatos? (Ouvir.) Por que Nuno pegou uma baguete de pão na padaria e não pagou? (Ouvir.) O que acharam da atitude da Dona Vera, dona da padaria? Você faria a mesma coisa? (Ouvir.) Vocês acham que ela sabia que Nuno passava fome e deixou o pão à vista? (Ouvir.)

Dona Vera percebeu a fome do Nuno, fome de pão e de uma oportunidade para conseguir também tirar os irmãos da fome. Reconheceu a honestidade dele, mesmo que tenha pegado o pão sem pedir ou pagar. No entanto, seu gesto mudou a vida de Nuno, que soube aproveitar a chance de crescer. Quando virou dono de uma padaria, muitos anos depois, ele repetiu o mesmo gesto daquela que lhe ajudou. A Dona Vera foi movida por compaixão e fez o que podia para que aquele menino tivesse "pão" na mesa e uma oportunidade para construir sua vida com dignidade.

➡ ILUMINAR A NOSSA VIDA

O Evangelho de João nos conta que, durante a última ceia, Jesus fez um gesto muito significativo. Vamos ouvir com atenção.

📖 Com a Bíblia na mão narrar o Evangelho de Jo 13,4-17.

Quem já ouviu esta narrativa do evangelho? (Ouvir.) Ela é proclamada na quinta-feira da Semana Santa, quando é feita a cerimônia do Lava-pés, repetindo este gesto de Jesus. O que será que Jesus queria fazer com este gesto? (Ouvir.)

Este evangelho é muito importante e nos ajuda a compreender o que é a Eucaristia. O que Jesus faz revela aos apóstolos um novo modo de ver as coisas. Jesus realiza seu gesto enquanto a refeição está acontecendo. Ele coloca uma relação muito estreita entre o comer e o servir, melhor dizendo, entre a Eucaristia e o serviço solidário.

Jesus "levantou-se da mesa, tirou o manto, pegou uma toalha e amarrou-a à cintura". Vamos entender o significado desses gestos:

- **"Levantou-se da mesa"**. Este gesto revela que não se pode servir permanecendo em nosso comodismo. O gesto de levantar denota que há algo por ser feito.

- **"Ficar de pé"** é posição que expressa prontidão para servir; para isso é preciso deslocar-se do próprio "lugar" e descer até o "lugar" do outro. É desinstalar-se do próprio bem-estar, é dinamismo. Significa que "Estar à mesa" é sempre sinal de fraternidade, de comunhão, mas é necessário saber levantar-se na hora certa para poder servir com amor.

- **"Tirou o manto"**: Jesus mesmo tira o manto que impede a liberdade de movimentos e não permite fazer o serviço com facilidade. Então Ele assume a condição de servo para servir. **Coloca uma toalha-avental.** Significa que Jesus serve como servo; os outros serviam como senhores. Naquela época era o servo que preparava a bacia com água para que o senhor lavasse os pés de outro. Aqui Jesus assume os preparativos, não faz trabalho pela metade. Jesus se dá naquilo que faz, e faz o que propõe aos discípulos. Isso deixa Pedro desconcertado. Para ele o Mestre não agiria assim.

Depois, Jesus volta ao lugar em que estava antes. No lava-pés, Jesus nos apresenta a missão de todo aquele que quiser segui-lo: viver o amor-serviço, dar-se. O lava-pés passa a ser o "modo de proceder" ou o "estilo de vida" da comunidade dos seus seguidores. "Vestir o coração" com o avental da simplicidade, da ternura acolhedora, da escuta comprometida, da presença atenciosa, do serviço desinteressado... Temos "pés" para lavar, mãos estendidas para acolher, irmãos que nos esperam, situações delicadas a serem enfrentadas com coragem... Isso é viver a **Eucaristia** no cotidiano da vida. Por isso, nossa comunidade busca socorrer os mais pobres, os marginalizados, os descartados por este mundo. Ela faz isso por meio de suas pastorais e comunidades, como já vimos (lembrar algumas pastorais e obras sociais que existem na paróquia e diocese).

Nós vemos aqui que participar da Eucaristia é muito mais do que "ir à Missa" simplesmente. É viver o amor-serviço. A identificação com Jesus nos confere um novo modo de ver, avaliar, escolher e viver.

Podemos dizer que a Dona Vera e o Nuno da nossa história "vestiram o coração" de amor-serviço? (Ouvir.)

➡️ **NOSSO COMPROMISSO**

Ao longo dos próximos dias leia novamente este evangelho. Converse com Jesus sobre os sentimentos que Ele provoca em você com estes gestos que realizou. Fale com Ele sobre o seu desejo de viver o amor--serviço, sendo "eucaristia" na vida das pessoas.

Pense, também, nas pessoas que você precisa lavar os pés, ou seja, ser amor e serviço na vida delas. Pense se é isso mesmo o que você quer assumir, participando da Eucaristia.

➡️ **CELEBRAR O NOSSO ENCONTRO**

Vamos repetir o gesto de Jesus naquela última ceia. Cada um pode tirar o sapato de um pé e permanecer no lugar. Vou lavar os pés de vocês. Isso é sinal do meu amor por vocês, do meu compromisso como catequista em ajudá-los a andar nos passos de Jesus. Também é para lembrar a todos nós que ser amigo de Jesus, participar da Eucaristia, significa sempre amar e servir.

Música: "Jesus erguendo-se da Ceia" (Hinário Litúrgico da CNBB).

Rezemos juntos uma parte da Oração Eucarística.

(A oração está no livro do catequizando.)

Catequista: *Dai-nos olhos para ver as necessidades e os sofrimentos dos nossos irmãos e irmãs; inspirai-nos palavras e ações para confortar os desanimados e oprimidos; fazei que, a exemplo de Cristo, e seguindo o seu mandamento, nos empenhemos lealmente no serviço a eles. Vossa Igreja seja testemunha viva da verdade e da liberdade, da justiça e da paz, para que toda a humanidade se abra à esperança de um mundo novo.*

Todos: *Ajudai-nos a criar um mundo novo!*

(Oração Eucarística para diversas circunstâncias IV.)

➡ NO LIVRO DO CATEQUIZANDO

Orientar as atividades do livro.

➡ NA NOSSA FAMÍLIA

↳ Conte a história do Nuno para seus irmãos.

↳ Comente com os seus familiares o sentido do lava-pés.

24   Jesus é o Pão da vida

Eu sou o pão da vida, descido do céu. (cf. Jo 6,51)

Objetivos do encontro

- ☀ Compreender que comungar é tornar-se "Corpo de Cristo", pão da vida.

- ☀ Perceber que o pão da vida, que é Jesus, nos faz viver de maneira nova uma vida com sentido, uma vida no amor.

> O catequizando precisa compreender que Jesus é o alimento, o "pão" que gera vida nova no mundo, vida oferecida e compartilhada. Comungar é tornar-se "Corpo de Cristo", pão da vida.

Material necessário

- ↳ Providenciar:

  - Um pão grande (se possível) e colocar em local de destaque.

  - As músicas: "O que é, o que é", de Gonzaguinha, para iniciar o encontro; "Eis o Pão da vida", de José Raimundo Galvão. Podem ser pesquisadas na internet. Se possível providenciar que todos tenham acesso à letra para cantar (cartaz, datashow, impressão...).

Preparação do ambiente

- ↳ Preparar bem o local do encontro catequético, que o ambiente dê um clima de alegria, de festa.

- ↳ Organizar no chão do local do encontro uma toalha bonita ou vários panos coloridos. Colocar a vela acesa, flores, a Bíblia aberta e o pão grande.

- ↳ Cadeiras em círculo ao redor da toalha no chão.

PASSOS DO ENCONTRO

➡ OLHAR A NOSSA VIDA

Vamos ouvir e cantar junto a música "O que é, o que é", do cantor já falecido, Gonzaguinha.

O que esta música está nos dizendo? (Ouvir.) A vida é um mistério, pois é alegria e lamento, é sofrimento. Há os que dizem que a vida é um nada; outros, que é o sopro do criador em uma atitude repleta de amor. O que mais? (Ouvir.) E para você, o que é a vida? Podemos conversar dois a dois e depois partilhar com o grupo todo. (Dar alguns minutos para a conversa.)

A música ainda fala de alguém que diz que somos nós quem fazemos a vida, para o que der e viver. E o autor dessa letra diz que fica com a resposta das crianças, que dizem que a vida é bonita, é bonita, é bonita. Ele reforça três vezes, como que a dizer que a vida é infinitamente bonita com tudo o que ela é. Bonita música, não é mesmo? (Ouvir.)

Mais bonita fica a vida se caminhamos com Jesus, o pão da vida.

➡ ILUMINAR A NOSSA VIDA

Vamos ouvir um texto do Evangelho de João em que Jesus diz que Ele é o pão da vida.

📖 Com a Bíblia na mão narrar o Evangelho de Jo 6,30-38.51.

Jesus é o pão da vida, Ele apresenta uma nova maneira de viver e é isso que atrai as pessoas até Ele. Quem vive em comunhão de vida com Ele, conhece uma vida diferente, de qualidade nova, uma vida com sentido novo. A vida é sempre uma novidade; é sempre sagrada; é dom a ser acolhido e amado. "É bonita, é bonita e é bonita", nos lembra a música.

A comunhão com Jesus Cristo é fonte de vida. Caminhar com Jesus nos coloca num estado de superação e de crescimento. Jesus é alimento que gera vida nova em nós e no mundo. Fazendo-se "pão partilhado", Jesus nos move a fazer com que a nossa própria vida seja alimento para que outros também tenham vida.

Quando nos alimentamos do "Pão da vida", nos colocamos em movimento, em uma vida movida e iluminada pelo amor. Jesus salva e alimenta porque é pão. Ele é o alimento que gera vida nova no mundo, vida oferecida e compartilhada. Antes de partir o pão, Jesus parte-se a si mesmo, faz-se alimento. Toda sua vida foi entrega. Sua vida inteira dá significado ao partir, compartilhar e repartir o pão da vida.

Também somos chamados, como já vimos, a ser "pão de vida". Somos pão quando alimentamos os amigos, os familiares, as pessoas com quem nos encontramos, com a esperança, a acolhida, a compaixão, uma palavra amiga... Podemos partilhar o pão da festa, da alegria, da justiça, da ajuda fraterna.

Jesus é "pão", sua vida é alimento, é comunhão que nós partilhamos e oferecemos uns aos outros sendo, dessa forma, Eucaristia. Jesus diz ainda no Evangelho: "Quem come deste pão viverá eternamente". É isso! A Eucaristia, o pão da vida que é Jesus, nos faz viver plenamente uma vida com sentido, uma vida no amor.

Cada vez que recebermos a Comunhão, a Eucaristia, ficamos cada vez mais parecidos com Jesus, vamos nos transformando em Eucaristia viva. O padre diz: "O Corpo de Cristo" e a comunidade responde: "Amém", o que significa que reconhece a graça e o compromisso de nos tornarmos Corpo de Cristo, pão da vida. Quando recebemos a Eucaristia, nos tornamos Corpo de Cristo. O pão e o vinho comido e bebido, se transformam em nós; o corpo de Cristo e seu sangue nos transformam n'Ele. Pelo pão e vinho, vivemos e nos alegramos. Pelo corpo e sangue de Jesus, Ele vive em nós e nos alegra. Isso é muito lindo!

➡ NOSSO COMPROMISSO

Até o nosso próximo encontro cada um vai refletir sobre o que conversamos hoje. Jesus está te convidando a cear com Ele. O que você responde a Ele? Você topa participar da sua Ceia, a Eucaristia? Anote o que você está sentindo. Converse com Jesus sobre esse convite que Ele te faz.

➡ CELEBRAR O NOSSO ENCONTRO

Rezemos juntos.

(A oração se encontra no livro do catequizando.)

> *Querido Jesus,*
> *Felizes os que têm fome de amor e de fraternidade.*
> *Felizes os que têm fome de ternura, de beleza e de amizade.*
> *Felizes os que têm fome de paz e justiça neste mundo marcado pela dor, guerras e ódio.*
> *Felizes os que têm fome de um sorriso e de um abraço.*
> *Felizes os que têm fome de misericórdia, de perdão e de alegria.*
> *Felizes os que têm fome de uma vida feliz, em que há pão para todos.*
> *Que a Eucaristia nos faça sempre famintos pelo Reino de Deus.*
> *Que a Eucaristia nos transforme em pão para todos. Amém!*

(Partilhar o pão enquanto se canta.)

Música: "Eis o Pão da vida" (José Raimundo Galvão).

➡ NO LIVRO DO CATEQUIZANDO

Orientar as atividades do livro.

➡ NA NOSSA FAMÍLIA

↳ Perguntar a seus pais e amigos do que eles têm fome, se só de comida ou de vida nova.

25 — A Celebração da Eucaristia

Felizes os convidados para a Ceia do Senhor.

Objetivos do encontro

- Entender o rito e o sentido da Celebração da Eucaristia.
- Reconhecer os tempos que constituem o Ano Litúrgico.
- Identificar que a missa é celebrada no contexto dos tempos litúrgicos.

> O catequizando precisa compreender que celebrar a Eucaristia significa fazer solene memória da vida, paixão, morte e ressurreição de Jesus. A missa tem um Rito, ou seja, um jeito de acontecer a celebração. É importante conhecer o sentido de cada parte. A Missa é celebrada em um tempo litúrgico, chamado Ano Litúrgico.

Material necessário

- Providenciar para que os nomes dados para a Eucaristia, apresentados no encontro 21, estejam em local visível, espalhados pela mesa em um cartaz ou em um quadro.

- Preparar um cartaz ou projetar no datashow o seguinte texto:
  - A missa compõe-se de quatro partes:
    - a. os Ritos iniciais;
    - b. a Liturgia da Palavra;
    - c. a Liturgia eucarística;
    - d. os Ritos finais.

Observação: Se o catequista achar conveniente para aumentar a compreensão de cada parte da missa poderá fazer fichas ou cartaz com os ritos de cada parte, conforme indicado no texto "Iluminar a nossa vida".

- ↳ Fazer uma faixa de papel Kraft com a frase: "Felizes os convidados para a Ceia do Senhor".
- ↳ Providenciar uma velinha para cada catequizando (pode ser velinha de aniversário).
- ↳ Selecionar a música "Hoje é festa diferente" (Ir. Miria Kolling). Pode ser pesquisada na internet. Se possível, providenciar que todos tenham acesso à letra para cantar (cartaz, datashow, impressão...).

Preparação do ambiente

- ↳ Preparar a mesa com toalha bonita. Colocar a vela acesa, flores e a Bíblia aberta.
- ↳ Colocar em local visível as fichas com os nomes dados para a Eucaristia e a faixa com a frase acima indicada.
- ↳ Cadeiras em círculo ao redor da toalha no chão.

  Observação para o catequista:

  - ▪ Lembrar que este encontro não pode ser um "curso de liturgia".
  - ▪ Agendar o próximo encontro na igreja da comunidade e mostrar o espaço litúrgico e os objetos litúrgicos. Combinar com a paróquia os detalhes para o acesso a tudo que for necessário para o encontro.

PASSOS DO ENCONTRO

➡ OLHAR A NOSSA VIDA

Música: "Hoje é festa diferente" (Ir. Miria Kolling).

Toda festa que participamos, até de maneira on-line na pandemia da Covid-19, promove o encontro entre as pessoas, a gratuidade, a amizade. Criamos laços de comunhão. Toda festa tem um ritmo, um começo, meio e fim. Não é assim? Como é uma festa de aniversário? (Lembrar os momentos da festa de aniversário.)

Os convidados se reúnem para celebrar um fato, que no caso é o aniversário de alguém e todos expressam alegria, dão os parabéns. Há discursos, alguém fala em nome de todos e também há música. Não faltam os comes e bebes e as pessoas se confraternizam.

A Celebração da Eucaristia também é uma festa diferente, como diz a música. Uma festa onde fazemos memória de Jesus, renovamos nossos laços de comunhão e solidariedade. Também renovamos a aliança com Deus, assumimos ser Eucaristia na vida de cada dia. O que mais nos diz os versos desta música? (Ouvir.)

➡ ILUMINAR A NOSSA VIDA

A Missa é a Celebração da Eucaristia. Celebrar é fazer memória de algo muito importante. Isso é feito usando palavras, símbolos, expressões corporais, gestos, música etc. Celebrar a Liturgia significa fazer solene memória da vida, paixão, morte e ressurreição de Jesus. Como vimos, o próprio Jesus na última ceia disse: "Façam isto em memória de mim". Celebrar a Liturgia da Eucaristia significa fazer experiência comunitária da presença viva da vida, paixão, morte e ressurreição de Jesus, ou seja, do mistério pascal. A Missa dominical tem um caráter mais festivo, é Páscoa semanal.

"Felizes os convidados para a Ceia do Senhor" é o que o padre diz antes do momento da distribuição do pão e do vinho na Missa. É Deus quem nos chama para participar da Eucaristia. É por causa dele que saímos de casa para adorar, louvar e dar graças. Também ouvir sua

Palavra e pedir ajuda para nossas dores, nossos problemas e implorar pela vinda do Reino. Na Eucaristia queremos colocar nas suas mãos tudo o que somos para que tudo seja transformado no pão e no vinho. Queremos renovar nossas forças para continuar a viver a missão de ser pão na vida das pessoas, colaborando com o Reino de Deus.

A Missa tem um rito, ou seja, um jeito de acontecer a celebração. A Missa compõe-se de quatro partes (mostrar o cartaz):

a. os Ritos iniciais;

b. a Liturgia da Palavra;

c. a Liturgia eucarística;

d. os Ritos finais.

RITOS INICIAIS

Os ritos iniciais ajudam a criar um entrosamento, a nos sentirmos uma Assembleia litúrgica. Os convidados se reúnem. São todos amigos de Jesus, a comunidade dele que se reúne. Vamos lembrar alguns elementos dos ritos iniciais:

- Procissão de entrada e o canto inicial;
- O Beijo do altar;
- Saudação de quem preside (Em nome do Pai...);
- Rito penitencial;
- Hino "Glória a Deus...";
- Oração do dia (coleta).

O ponto alto e o final dessa parte são as Orações do dia.

A LITURGIA DA PALAVRA

O objetivo da Liturgia da Palavra é criar um diálogo entre Deus e o seu povo. É Cristo quem fala. Jesus é a Palavra de Deus que se tornou gente. Ele é o portador da Boa-nova do Pai. Na Celebração litúrgica escutamos a Palavra e a confrontamos com a vida. Por isso, a Palavra é alimento para nossa vida. Nossa atitude deve ser de escuta atenta da Palavra de Deus.

A Igreja nos ensina a comungar o Cristo tanto na sua Palavra como no seu Corpo, o pão e o vinho consagrados. O ponto alto da Liturgia da Palavra é a proclamação do Evangelho. Vamos lembrar os elementos que constituem esta parte:

- Primeira Leitura – (do Antigo Testamento;
- Salmo;
- Segunda Leitura (das Cartas e Apocalipse);
- Aclamação ao Evangelho;
- Evangelho;
- Homilia;
- Profissão de fé;
- Oração dos fiéis.

LITURGIA EUCARÍSTICA

Nós já refletimos e aprofundamos o significado da Liturgia eucarística. Vamos recordar aqui suas partes:

- Preparação das oferendas (Jesus tomou o pão e o cálice com vinho...).
- Oração Eucarística (Jesus deu graças ao Pai...).
- Ritos de comunhão (Jesus partiu o pão e deu o cálice com vinho a seus discípulos...).

O ponto alto da Liturgia eucarística é quando dizemos *"Por Cristo, com Cristo e em Cristo, a vós, Deus Pai todo-poderoso, na unidade do Espírito Santo, toda honra e toda glória, agora e para sempre. AMÉM!* É o único momento da única elevação do pão e do vinho. O Amém no final significa "assim seja", que concordamos, aceitamos, desejamos, ratificamos tudo o que se rezou na Oração eucarística.

RITOS FINAIS

É a despedida da Assembleia que se reuniu. Começa logo após a oração depois da Comunhão. Vamos conhecer suas partes (nem todos os elementos estão em todas as missas):

- Avisos;
- Bênção final;
- Homenagem a Maria, mãe de Jesus;
- Despedida e saída.

No final, começa nossa missão de viver no dia a dia o que celebramos. (Perguntar aos catequizandos se já tinham observado as partes do rito da Missa, ver o que acharam e tirar dúvidas.)

Durante o ano, repetimos os passos de Jesus ao longo do **ANO LITÚRGICO**. Ele não segue o mesmo calendário civil nosso.

O Ano Litúrgico tem ciclos festivos em que se quer celebrar a vida, morte e ressurreição de Jesus. O dia principal da celebração cristã é o domingo, pois neste dia Jesus ressuscitado se manifestou. Os tempos litúrgicos especiais são Natal e Páscoa.

Temos o **Ciclo do Natal** (com o período do Advento e Natal) e o **Ciclo da Páscoa** (começa na Quarta-feira de Cinzas com a Quaresma – 40 dias); em seguida temos a Semana Santa com a Vigília Pascal (Celebração da Ressurreição, a Páscoa do Senhor); e, depois, 50 dias do Tempo pascal. Temos ainda o **Tempo Comum**, celebrado em 34 semanas, no qual somos chamados a continuar no seguimento de Jesus, escutando sua Palavra e colocando-a em prática.

➡ **NOSSO COMPROMISSO**

Vamos participar da celebração eucarística e prestar bastante atenção nas partes da celebração, lembrando o seu sentido. Convide seus amigos e seus familiares para participarem junto com você. Observe tudo, anote suas dúvidas para conversarmos no próximo encontro.

Nosso próximo encontro será na igreja. (Mencionar o nome da igreja, endereço... combinar o horário etc.)

➡ CELEBRAR O NOSSO ENCONTRO

Rezemos com uma parte muito bonita da Oração Eucarística.

(A oração está no livro do catequizando.)

Catequista: *Deus, nosso Pai, vós nos reunistes e aqui estamos todos juntos para celebrar vossos louvores com o coração em festa. Nós vos louvamos por todas as coisas bonitas que existem no mundo e também pela alegria que dais a todos nós. Nós vos louvamos pela luz do dia e por vossa Palavra que é nossa luz. Nós vos louvamos pela terra onde moram todas as pessoas. Obrigado pela vida que de vós recebemos.*

Todos: *O céu e a terra proclamam a vossa glória. Hosana nas alturas!*

Catequista: *Sim, ó Pai, vós sois muito bom: amais a todos nós e fazeis por nós coisas maravilhosas. Vós sempre pensais em todos e quereis ficar perto de nós. Mandastes vosso Filho querido para viver no meio de nós. Jesus veio para nos salvar: curou os doentes, perdoou os pecadores. Mostrou a todos o vosso amor, ó Pai; acolheu e abençoou às crianças.*

Todos: *Bendito o que vem em nome do Senhor. Hosana nas alturas!*

(Oração Eucarística para a Missa com crianças I.)

➡ NO LIVRO DO CATEQUIZANDO

Orientar as atividades do livro.

➡ NA NOSSA FAMÍLIA

↳ Pergunte em casa se conhecem as partes da Missa. Comente o que você descobriu.

26 — O espaço litúrgico

Onde queres que a preparemos? (Lc 22,9)

Objetivos do encontro

🔅 Conhecer o espaço celebrativo, os objetos e livros litúrgicos.

🔅 Compreender o sentido de haver um espaço celebrativo.

> A igreja-templo é o ponto de encontro da comunidade, é nosso espaço "espaço litúrgico", onde celebramos o mistério pascal. Cada espaço dentro dela tem um significado, bem como os objetos e livros litúrgicos.

Material necessário

↳ Faixa de papel Kraft com a frase: "Felizes os convidados para a Ceia do Senhor".

↳ Providenciar a música "Daqui do meu lugar" (Pe. Zezinho). Pode ser pesquisada na internet. Se possível providenciar que todos tenham acesso à letra para cantar (cartaz, datashow, impressão...).

Preparação do ambiente

↳ Se a igreja possui alguma pintura no presbitério, procurar conhecer bem o seu significado para explicar aos catequizandos.

↳ Preparar a igreja da comunidade para receber os catequizandos.

↳ Combinar com a comunidade a visita à igreja e verificar quem poderá auxiliar o catequista dando acesso aos objetos e vestes litúrgicas.

↳ Deixar os objetos litúrgicos em uma mesinha próxima ao altar. Preparar a mesa do altar à medida que for mostrando os objetos: toalha, cálice etc.

- Colocar em local visível uma faixa com a frase acima indicada.

- Colocar cadeiras em círculo ao redor do altar, se for possível. Mas, as crianças podem ficar de pé bem próximas ao altar ou mesa com os objetos litúrgicos que serão mostrados.

PASSOS DO ENCONTRO

➡ OLHAR A NOSSA VIDA

(Ao entrar na igreja, mostrar cada espaço ou objeto mencionado. Começar na porta de entrada da igreja.)

É bom lembrar que a igreja não é este templo. A igreja somos nós. A palavra igreja significa assembleia. Este templo, esta igreja é o ponto de encontro da comunidade, é onde nos reunimos em assembleia para celebrar. É nosso espaço litúrgico, onde celebramos. Os templos são lugares que nos remetem à memória do mistério de Cristo e do seu corpo que é a Igreja. Tudo o que vemos, ouvimos e fazemos na igreja nos levam a mergulhar no Mistério de Jesus Cristo, nossa Páscoa.

Os discípulos prepararam o lugar para a última ceia (cf. Lc 22,9). Jesus enviou Pedro e João com orientações para preparar aquela ceia. Também nós preparamos e organizamos o espaço da celebração.

Ao entrar na igreja, estamos num lugar sagrado. Por isso o silêncio é necessário para nossa contemplação, mas, sobretudo, para escutar o que Deus tem a nos dizer. Então vamos entrar com o objetivo de observar, sentir, prestar atenção nos detalhes. Vamos devagar, com calma, alegria, respeitando este espaço sagrado.

A igreja, normalmente, tem três partes principais (chegar perto de cada parte e mostrar os detalhes):

1. **O PRESBITÉRIO** – espaço mais elevado dentro da igreja; e tem esse nome porque nele fica o presbítero. Estão presentes no presbitério:

   a. **o altar** – mesa central em que acontece a memória da Ceia de Jesus e a partilha do seu Corpo e Sangue. Jesus Cristo mesmo é o Altar. O Altar é o centro, porque é o Cristo. Nosso olhar precisa estar voltado para esta mesa do Senhor, onde o povo se renova no banquete divino.

b. **A mesa da Palavra (também chamada Ambão)** – simboliza Cristo profeta e é onde são proclamadas as leituras bíblicas. Deus nos fala e nos comunica o seu amor quando são feitas as leituras, inclusive quando se canta o Salmo responsorial.

c. **A cadeira presidencial** que simboliza a presença de Jesus presidindo e orientando a comunidade; o presbítero é sinal e instrumento de Cristo para esta função.

d. **Há ainda a cruz processional**, símbolo cristão da entrega de Jesus. Está presente na procissão de entrada e permanece no local da celebração.

2. **O espaço onde fica a ASSEMBLEIA** (também chamado de nave da igreja), as pessoas que participam da celebração. É onde ficam os bancos da igreja num piso um pouco abaixo do presbitério. Na nave da igreja podemos ver pinturas, imagens de santos padroeiros da comunidade e a via-sacra, cenas da paixão, morte e ressurreição de Jesus.

3. **BATISTÉRIO** é o local onde são realizados os batizados. Em algumas igrejas ele se encontra próximo à porta de entrada e significa que, depois de receber o batismo, entramos na igreja como membros da comunidade. No batistério está a **pia batismal** (local onde se coloca a água para o batismo), que é também pascal, fonte de água viva; e o **círio pascal**, símbolo de Jesus ressuscitado e da vida nova dada pelo batismo.

Há ainda na igreja espaços complementares como a **CAPELA DO SANTÍSSIMO**, local onde se colocam as reservas eucarísticas para a comunhão dos enfermos e adoração dos fiéis. Nela está o **SACRÁRIO**, local na parede onde estão as hóstias consagradas. Há uma lâmpada sempre acesa que indica a presença do Senhor na Eucaristia. A **SACRISTIA** é o local onde ficam guardados os objetos litúrgicos utilizados nas celebrações, as toalhas, paramentos do padre; geralmente ficam ao lado do presbitério ou atrás dele.

O espaço litúrgico é muito importante para nos ajudar a celebrar, a rezar, a alimentar nossa fé e aumentar os laços da comunidade.

Música: "Daqui do meu lugar" (Pe. Zezinho).

(Propor que o grupo de catequizandos ouça a música e contemple o espaço celebrativo. Pedir para prestar atenção na letra da música.)

Os livros litúrgicos

Nós vimos que toda celebração litúrgica, incluindo a Eucaristia, possui um esquema, segue uma ordem. Esse esquema é o "rito litúrgico" e está descrito no que chamamos de ritual ou livro litúrgico, que contêm as orientações e orações das celebrações. Os principais livros litúrgicos são:

- **Missal** – que contém as orações eucarísticas e as outras orações durante as celebrações da Eucaristia ao longo do Ano Litúrgico.

- **Lecionários** – possuem as leituras selecionadas para as celebrações da semana, do domingo e festas especiais.

- **Evangeliário –** contém somente os evangelhos para as missas dominicais e algumas celebrações especiais.

Há também os rituais em geral, livros que trazem as celebrações de sacramentos e outras celebrações fora da missa. (Se possível, mostrar o Ritual do Batismo, por exemplo.)

OBJETOS LITÚRGICOS

Há ainda alguns objetos litúrgicos. Mesmo que a gente não guarde todos os nomes, o importante é conhecer e saber para que servem. (Convidar os catequizandos para ficarem bem próximos dos objetos litúrgicos. Se for possível, envolvê-los na preparação do altar: colocando a toalha etc. Tirar dúvidas que possam surgir.)

▷ HÓSTIAS – As hóstias são pão sem fermento, consagradas para a comunhão dos fiéis. A hóstia grande é para que possa ser melhor vista pelas pessoas. As pequenas (ou partículas) são feitas dessa maneira para facilitar a distribuição da comunhão, a partilha do pão, da Eucaristia com todos.

▷ CÁLICE – É um dos objetos mais importantes usados na Celebração da Eucaristia. Nele se deposita o vinho que vai ser consagrado.

▷ PATENA – É um pequeno prato bem raso. Recebe o pão para o oferecimento na preparação das oferendas.

▷ ÂMBULA – um cálice com tampa para guardar as hóstias consagradas no sacrário após a missa.

▷ SANGUÍNEO – Paninho branco que o celebrante utiliza para enxugar o interior do cálice.

▷ CORPORAL – É uma espécie de toalhinha quadrada que fica no centro do altar. Chama-se corporal porque sobre ele se coloca a hóstia consagrada, que é o Corpo do Senhor.

▷ MANUSTÉRGIO – toalha usada pelo padre para enxugar as mãos na celebração.

▷ PALA – Um quadrado pequeno de cartolina coberta de pano branco e que serve para cobrir o cálice durante a celebração.

▷ GALHETAS – Duas pequenas garrafinhas para o vinho e a água.

▷ VELAS – As velas têm valor simbólico. Significam a luz da fé que nós cristãos recebemos do Cristo no Batismo. Cristo é a luz do mundo.

▷ CRUCIFIXO – É um objeto importante no espaço litúrgico porque recorda o sacrifício redentor de Jesus que não pode ser separado da Ceia. Fica bem à vista na igreja.

▷ ÁGUA – O padre usa para lavar as mãos e coloca uma gota d'água no cálice no momento da preparação das oferendas.

▷ TÚNICA – o padre coloca vestes próprias (túnica) que o distingue das outras pessoas da celebração porque ele é o presidente da celebração.

▷ ESTOLA – É uma faixa colocada ao pescoço e separada da túnica. Ela indica a autoridade do padre, como presidente da celebração. A cor da estola acompanha o tempo litúrgico: branca, verde, vermelha e roxa. Por exemplo: no tempo do Advento e da Quaresma a cor da estola é roxa em sinal de penitência.

▷ TOALHA – para cobrir a mesa do altar.

▷ FLORES – para ornamentar o altar e todo o espaço celebrativo.

Vocês gostaram dessa visita? (Ouvir.) Foi bom conhecer nosso espaço litúrgico? (Ouvir.)

➡ CELEBRAR NOSSO ENCONTRO

Rezemos de mãos dadas ao redor do altar.

> *Vamos colocar sobre o altar, como nossa oferta, toda nossa caminhada feita ao longo dos nossos encontros. Peçamos a Deus que, com seu amor, ajude a transformar a nossa vida em pão, em Eucaristia. E, também, que nos ajude a celebrar com alegria a Eucaristia.*
>
> *Pai nosso...*
>
> *Que a mãe de Jesus, Nossa Senhora, nos inspire a ficar cada vez mais parecidos com seu Filho Jesus.*
>
> *Ave Maria...*

➡ NO LIVRO DO CATEQUIZANDO

Orientar as atividades do livro para serem feitas em casa. Explorar na atividade 3 as observações dos catequizandos em relação às semelhanças e diferenças nas igrejas das comunidades.

➡ NA NOSSA FAMÍLIA

Conte a seus familiares como foi a nossa visita à igreja e o que você descobriu.

27 Vivência eucarística

Desejei ardentemente comer convosco esta ceia pascal.

(Lc 21,15)

Objetivos da vivência

☼ Identificar o sentido da Eucaristia como ação de graças.

☼ Compreender a importância da participação na Eucaristia de maneira ativa e alegre.

Material necessário

⤷ Providenciar:

    a. Uma bandeja com um pão grande para ser partilhado com todos.

    b. Tacinhas de acrílico (se for possível) e um jarro com suco de uva.

    c. Cruz com o Cristo crucificado.

⤷ Providenciar as músicas:

    a. "A nós descei divina luz" – Versão: Reginaldo Veloso.

    b. "Teu proceder" – Pe. Francys Silvestrini Adão, SJ.

Podem ser pesquisadas na internet. Se possível providenciar que todos tenham acesso à letra para cantar (cartaz, datashow, impressão...).

Preparação do ambiente

⤷ Colocar uma tolha bem bonita na mesa (ou pano colorido). Colocar sobre a toalha a Bíblia, o Crucificado e vela apagada.

⤷ Cadeiras em círculo ao redor da mesa.

PASSOS DA VIVÊNCIA

1. Acolhida

Catequista: Em nome do Pai e do Filho e do Espírito Santo.

Todos: AMÉM!

Catequista: Que alegria nos reunirmos! Queremos fazer memória da última ceia de Jesus e dar graças a Deus pela sua presença que ilumina nossa vida.

(Pedir para uma criança acender a vela e, enquanto isso, cantar o refrão.)

Música: "A nós descei divina luz".

2. Olhar a nossa vida

Catequista: De olhos fechados, pense em uma experiência na qual você ficou profundamente agradecido e feliz por algo que vivenciou. Procure lembrar que dia foi, com quem você estava, o que aconteceu. Pode ser algo que alguém fez para você ou algo que você conseguiu fazer, algo de feliz que aconteceu e você ficou agradecido(a). (Deixar o catequizando pensar por alguns minutos.) Agora vamos partilhar essa experiência dois a dois.

(Deixar alguns minutos para esta partilha e, em seguida, pedir que duas ou três pessoas brevemente partilhem esta experiência na qual experimentou gratidão.)

Catequista: Vamos lembrar também alguns momentos significativos da vida de Jesus (lembrar algumas curas, encontros especiais etc.) quando Ele experimentou ou levou alguém a experimentar gratidão.

3. Ouvir e meditar a Palavra

📖 Com a Bíblia na mão ler o Evangelho de Mc 14,22-25.

Catequista: Nós já ouvimos esta narrativa. Vamos brevemente recordá-la: Por que Jesus reuniu os discípulos? O que Ele fez? Por quê? Qual a explicação que Ele deu? O que queria dizer com isso? (Ouvir.) Jesus deu graças nesse momento? (Ouvir.)

Reflexão

Como já vimos anteriormente, a Eucaristia faz de todos nós Corpo de Cristo. Jesus e os discípulos, comendo o Pão e bebendo o Vinho, respiram o mesmo ar, o mesmo sonho do Reino de Deus. É assim também conosco, a Igreja: juntos, de mãos dadas, comemos o pão, bebemos o vinho e sentimos e temos esperança de que Ele venha, de que o Reino de Deus aconteça. E temos saudade de Jesus. Expressamos isso dizendo na Oração Eucarística: "Toda vez que se come deste pão, toda vez que se bebe deste vinho, se recorda a paixão de Jesus Cristo e se fica esperando a sua volta". Basta nos reunir para recordar Jesus, compartilhar sua palavra, tomar o pão e o vinho, ressuscitar a esperança e alimentar o sonho do Reino.

Hoje Jesus precisa de nossas mãos para multiplicar os grãos; precisa de nossas mãos para triturar esses grãos, amassar a farinha e fazer o pão. E precisa de nosso coração para que o pão seja repartido. Quem come do Pão e bebe do Vinho, se compromete contra as forças da morte, do pecado: egoísmo, violência, indiferença, desonestidade, destruição do meio-ambiente, poluição. O que mais? (Ouvir.)

Na última ceia e, também, na Missa o pão é partido para significar a doação de Jesus; e ao comermos deste pão, aceitamos ser como o grão de trigo que, caído no chão, produz frutos para o bem de todos. Deus precisa de nosso coração para que o pão leve o sinal da fraternidade, seja vitamina de solidariedade, alimento de comunhão, energia de vida para todos. Essa é a Missa verdadeira, a verdadeira missão.

4. Partilha do Pão

(Enquanto se canta um refrão, alguns catequizandos ajudam a catequista a preparar a mesa: entram com o pão e o jarro com o suco de uva.)

Música: "Teu proceder".

Catequista: Vou repartir o pão entre todos (distribuir um pedaço de pão para cada um e pedir que o segurem na mão). Cada um faz agora seu compromisso eucarístico, em silêncio ou em voz alta. Como você quer viver sua comunhão com Jesus e seu projeto?

(Deixar que os catequizandos se manifestem. Em seguida, convidar todos a comer o pão.)

Distribuir o cálice com o suco de uva. Pedir para que cada um diga um motivo para brindar, para dar graças. Em seguida todos tomam o suco.

Convidar para o abraço da Paz e, em seguida, para rezar de mãos dadas o Pai-nosso.

5. Bênção final

Catequista: O Deus do amor, que nos alimenta com o Pão da vida e esteja sempre conosco e nos abençoe.

Todos: Amém!

Catequista: Louvado seja Nosso Senhor Jesus Cristo!

Todos: Para sempre seja louvado!

→ Anexos

ANEXO 1

Natal: boa notícia de Deus para a humanidade!

"E a Palavra se fez carne e veio morar entre nós". (Jo 1,14)

Objetivos da celebração

- Compreender que no Natal celebramos a grande boa notícia de Deus para a humanidade: a vinda de seu filho Jesus no meio de nós.

- Entender que Jesus é Deus-conosco que nos acompanha sempre.

- Celebrar o Nascimento de Jesus.

Material necessário

- Providenciar:

  - A música "Noite feliz". Pode ser pesquisada na internet. Se possível providenciar que todos tenham acesso à letra para cantar (cartaz, datashow, impressão...).

  - Imagem do menino Jesus. Se for possível também a imagem de Maria e José para montar um pequeno presépio.

- Preparar galhinhos verdes para serem colocados ao lado do presépio, no momento das preces.

Preparação do ambiente

- Preparar, no centro do local do encontro, uma toalha bem bonita e colocar em cima o presépio. Ao lado colocar a Bíblia e uma vela acesa.

- Escolher os catequizandos que irão fazer as preces.

PASSOS DA CELEBRAÇÃO

1. Acolhida

Catequista: Em nome do Pai e do Filho e do Espírito Santo.

Todos: Amém.

Catequista: O povo que andava nas trevas viu uma grande luz.

Todos: E a Palavra se fez carne e veio morar entre nós.

2. Proclamação da Palavra

Canto de aclamação (a escolha)

📖 Evangelho de Jo 1,1-5.14.

Música: "Noite feliz".

(Durante o canto, a imagem do Menino Jesus é colocada no presépio. Depois pedir silêncio e que cada um contemple o Menino Jesus.)

Reflexão

Catequista: Para nós, cristãos, o Natal é a vinda de Deus no meio de nós. Celebrar o Natal não é celebrar um acontecimento lá do passado, é, ao contrário, dizer: hoje é Natal para nós, aqui, agora. Nossas esperanças se refazem no menino Jesus.

É Natal! Jesus é a grande boa notícia de Deus para a humanidade. Ele vem ao mundo para devolver a esperança e a confiança em Deus. Ser cristão significa ser "outro Cristo" no meio do mundo. Nossa missão é anunciar a paz, a alegria, a esperança que Jesus comunicou com sua vida. Nossa missão é dar testemunho de que todos somos irmãos, ser boa notícia para todos, sobretudo, os mais pobres.

Natal é Jesus no meio de nós; Ele é Deus-conosco e nos acompanha sempre. Deixemo-nos ser amados por Ele. Sejamos agradecidos, confiantes, cheios de esperança, porque a Luz do Natal vence as trevas. Sejamos testemunhas dessa Luz de Jesus no meio do mundo, espalhando amor, cuidando e protegendo a vida humana e toda a criação de Deus.

Todos: Glória a Deus no mais alto dos céus e na terra paz a todos por Ele amados!

3. Rezar pelo Natal de um mundo novo

(Após cada prece, coloca-se no presépio um galhinho verde representando os sonhos e nossas esperanças.)

Leitor 1: Senhor Jesus, sonhamos com um mundo onde não haja ódio. Ajuda-nos a ser testemunhas e construtores da tua paz.

Todos: Vem, Senhor, vem nos ajudar a criar um mundo novo.

Leitor 2: Senhor Jesus, queremos um mundo que respeite o meio ambiente, que proteja as florestas, que coloque a vida acima do lucro e da exploração. Ajuda-nos a defender o planeta, nossa casa comum e criação de Deus.

Todos: Vem, Senhor, vem nos ajudar a criar um mundo novo.

Leitor 3: Querido Jesus, concede à nossa família a graça de nos tornarmos um para o outro, sinal da tua presença e um apelo a amar sem recompensa.

Todos: Vem, Senhor, vem nos ajudar a criar um mundo novo.

Preces espontâneas...

Rezemos juntos a oração que Jesus nos ensinou: Pai nosso...

4. Bênção final

Catequista: Ó Deus da vida, Tu nos fazes pessoas novas em teu amor. Ajuda-nos a viver a compaixão, a ternura, a fraternidade e a solidariedade. Por Cristo, nosso Senhor. Amém.

Todos: Ó Deus de amor e bondade, que nos dás a alegria da vida, faz--nos crescer sempre em teu amor e nos abençoa: Pai, Filho e Espírito Santo. Amém!

Abraço da paz e de Feliz Natal!

Canto final: (a escolha).

Confraternização

ANEXO 2

Eis-me aqui!

Alegra-te, cheia de graça! O Senhor está contigo! (Lc 1,28)

Objetivos da celebração

- Reconhecer que o Salvador entrou em nossa história pelo "sim" de Maria.

- Contemplar Maria, a mãe de Jesus, como a mulher do "Sim", do coração disponível para Deus.

- Aprender com Maria a importância de se colocar disponível para ouvir e acolher os convites que Deus nos faz.

Material necessário

- Providenciar:

  - Uma imagem de Maria, mãe de Jesus.

  - A música "Povo de Deus, foi assim" – José Tomaz Filho e Fr. Fabreti. Pode ser pesquisada na internet. Se possível, providenciar que todos tenham acesso à letra para cantar (cartaz, datashow, impressão...).

Preparação do ambiente

- Mesa preparada com toalha bem bonita, imagem de Maria, vela acesa, flores bonitas, Bíblia aberta.

- Arrumar as cadeiras ao redor da mesa.

- Definir os catequizandos que irão fazer as preces.

PASSOS DA CELEBRAÇÃO

1. Acolhida

Catequista: Em nome do Pai e do Filho e do Espírito Santo.

Todos: Amém.

Catequista: Hoje fazemos memória de Maria, a mãe de Jesus, aquela que com um "sim" mudou a história. Maria é a mulher que respondeu "sim" sem impor condições a Deus. Só faltava o "sim" de Maria para que Jesus, o nosso Salvador, entrasse na nossa história. Nela nos inspiramos. Maria é mãe que espera, mulher que acolhe a Palavra de Deus.

Todos: Maria, mãe de Jesus, ensina-nos a dizer SIM a Deus.

1. Proclamação da Palavra

Canto de aclamação (a escolha).

📖 Evangelho de Lc 1,26-38.

Reflexão

Catequista: Deus escolhe uma jovenzinha de Nazaré, uma mulher simples com um nome comum, totalmente desconhecida e insignificante aos olhos dos grandes do mundo. Este Evangelho que lemos não fala apenas de algo que se passou há dois mil anos, mas refere-se também ao que nos acontece hoje: Jesus vem ao mundo e a cada um de nós sem cessar, e vem de novo, sempre. A anunciação acontece com todos nós, a todo momento, em todos os lugares e etapas da vida. É preciso estar atento para perceber esse Deus que nos fala de maneiras inesperadas como fez com Maria.

A resposta de Maria, o "eis-me" significa estar disponível para o Senhor. Isso nos cura do egoísmo, de uma vida centrada em nós mesmos, nos nossos interesses. O "eis-me" é acreditar que Deus é mais importante do que o meu eu. É estar sempre à espera das surpresas de Deus na nossa vida, como Maria estava.

Todos: Eis-me aqui, Senhor! Faça-se em mim segundo a tua palavra!

Música: "Povo de Deus, foi assim" (José Tomaz Filho e Fr. Fabreti).

2. Preces

(Convidar os catequizandos a ficarem ao redor da imagem de Maria.)

Leitor 1: Maria, mãe de Jesus e nossa, ensina-nos a viver confiando em Deus em tudo e por tudo.

Todos: Nossa Senhora, mãe dos aflitos, ensina-nos a confiar em Deus!

Leitor 2: Maria, senhora do "sim", ajuda-nos a perceber os sinais da presença de Deus em nossa vida e a dizer "sim" ao seu chamado de amor, mesmo em meio a dúvidas e incertezas.

Todos: Maria de toda a vida, Maria de todas as horas, ensina-nos a dizer "sim" a Deus.

Leitor 3: Maria de toda casa e de todos os caminhos, Maria de todo amor, ensina-nos a abrir o coração para acolher e seguir teu Filho Jesus.

Todos: Maria, nossa Senhora! Mãe do Menino Jesus, roga por nós!

Leitor 4: Maria, mãe das dores, roga a Deus pelos que choram, pelos que sofrem, pelos que passam fome, pelos que estão desempregados, pelos doentes, pelas famílias que perderam pessoas queridas.

Todos: Nossa Senhora, Mãe de Jesus! Nossa Senhora de todos nós, rogai por nós!

Ave Maria...

3. Bênção final

Catequista: O Senhor esteja conosco.

Todos: Ele está no meio de nós.

Catequista: Por intercessão de Maria, mãe de Jesus, que Deus nos abençoe em seu amor de Pai, Filho e Espírito Santo. Amém.

ANEXO 3

CELEBRAÇÃO EM FAMÍLIA EM PREPARAÇÃO À EUCARISTIA

Preparação do ambiente

↳ Colocar a Bíblia aberta em um lugar de destaque com uma vela.

↳ Escolher a pessoa que fará a proclamação do Evangelho.

↳ Providenciar um pão.

1. Acolhida

Pai: Em nome do Pai e do Filho e do Espírito Santo!

Todos: Amém!

Mãe: Querido Jesus, nosso(a) filho(a) vai em breve participar da ceia eucarística. Pedimos que ilumine seus passos para que sua vida seja comunhão, amizade, partilha e amor.

(A mãe ou outra pessoa acende a vela.)

Todos: Felizes os convidados para a Ceia do Senhor!

2. Proclamação da Palavra

📖 Com a Bíblia na mão o catequizando lê o Evangelho de Jo 6,1-15.

Reflexão

Pai: Jesus pega os pães e dá graças. Dá graças por cinco pães e dois peixinhos diante de cinco mil pessoas famintas. É a gratidão sobre o pouco que faz o muito.

Mãe: Jesus dá graças, contempla o pão, fruto da terra e do trabalho de muitos homens e mulheres, que deve ser partido e compartilhado. Depois Jesus convida a repartir.

Catequizando: Compartilhar o pão foi o gesto que Jesus mais fez e, de modo especial, na última ceia pascal. Também nossa vida precisa ser pão partilhado, ser eucaristia para a vida do mundo.

(A mãe ou outra pessoa mais velha da família pega o pão e o reparte, e o filho(a) catequizando o entrega a todos, que comem o pão.)

3. Rezemos juntos

Pais: Querido Jesus, te pedimos pelo(a) nosso filho(a)....... (dizer o nome do catequizando). Acompanha os seus passos no caminho de uma vida feliz, em comunhão e amor com todas as pessoas.

Todos: Fica conosco Senhor!

Catequizando: Querido Jesus, fonte transbordante de todo amor humano, concede à nossa família a graça de nos tornarmos, um para o outro, sinal da tua presença e do teu amor sem limites.

Todos: Fica conosco Senhor!

Pais: Querido Jesus, quando as preocupações nos fizerem perder a fé e a confiança, lembra-nos que Tu nos ama e não nos abandonas nunca.

Todos: Fica conosco Senhor!

Preces espontâneas...

Rezemos juntos a oração que Jesus nos ensinou: Pai nosso...

4. Bênção final

(Com as mãos estendidas para o catequizando os pais e familiares rezam.)

Ó Deus da vida, Tu nos fazes pessoas novas em teu amor. Ajuda este nosso(a) filho(a) a seguir os passos de Jesus, vivendo a compaixão, a ternura, a fraternidade e a solidariedade. E que, assim, sua vida seja eucaristia para que o mundo seja teu Reino de amor. Por Cristo, nosso Senhor. Amém.

Todos: *Ó Deus de amor e bondade, que nos dá a alegria da vida, faz-nos crescer sempre em teu amor e nos abençoa: Pai, Filho e Espírito Santo. Amém!*

5. Abraço da paz.

REFERÊNCIAS

ADÃO, SJ, Francys Silvestrini. Tornar-se alimento: um itinerário bíblico-eucarístico de conversão. Jun/2018. Power-point (slides apresentados no curso realizado no Centro Loyola de BH em junho/2018).

Bíblia Sagrada. Petrópolis: Vozes, 2005.

BROSHUIS, I.; TREVIZAN, L. & GUIMARÃES, E. *O belo, o lúdico e o místico na catequese*. Belo Horizonte: O Lutador, 2014.

CONFERÊNCIA NACIONAL DOS BISPOS DO BRASIL. *Diretório Nacional de Catequese*. São Paulo: Paulinas, 2006 [Documento da CNBB, 84].

_____. *Iniciação à Vida Cristã*. Brasília: Edições CNBB, 2017 [Documentos da CNBB, 107].

DEL-FRARO FILHO, J. *Os obstáculos ao amor e à fé – O amadurecimento humano e a espiritualidade cristã*. São Paulo: Paulus, 2010.

GOPEGUI SANTOYO, J.A.R. *Experiência de Deus e catequese narrativa*. São Paulo: Loyola, 2010.

KONINGS, J. *Ser cristão – Fé e prática*. 5. ed. Petrópolis: Vozes, 2011.

MENDONÇA, J.T. A *leitura infinita*: A Bíblia e a sua interpretação. São Paulo: Paulinas/Recife: UNICAP, 2015.

MENDONÇA, J.T. *Pai-nosso que estais na terra*. São Paulo: Paulinas, 2017.

OLENIKI, M.R.L. & MACHADO, L.M.P. *O encontro de catequese*. 2. ed. Petrópolis: Vozes, 2000.

PONTIFÍCIO CONSELHO PARA A PROMOÇÃO DA NOVA EVANGELIZAÇÃO. *Diretório para a Catequese*. São Paulo: Paulus, 2020.

SAINT-EXUPÉRY, ANTOINE DE, 1900-1944. *O pequeno príncipe*: com as aquarelas do autor Antoine de Saint-Exupéry. Petrópolis: Vozes, 2015 [Tradução de Rodrigo Tadeu Gonçalvez].

Sugestões de músicas (CDs)

CD Grandes Pequeninos – Jair Oliveira.

Pe. ZEZINHO. Lá na terra do contrário e Deus é bonito. Paulinas--Comep.

Pe. ZEZINHO. Coisas que já sei. Paulinas-Comep.

Ir. Miria T. Kolling. Deus é bom. Refrões orantes. Paulus Digital.

Canais do youtube:

- Fé em Canto – Francys SJ
- Grandes pequeninos

Sugestões de Sites

www.catequesehoje.org.br

www.catequesedobrasil.org.br